New Urbanisms 6 **Caracas Litoral, Venezuela**

Nuevos Urbanismos 6 **El Litoral de Caracas, Venezuela**

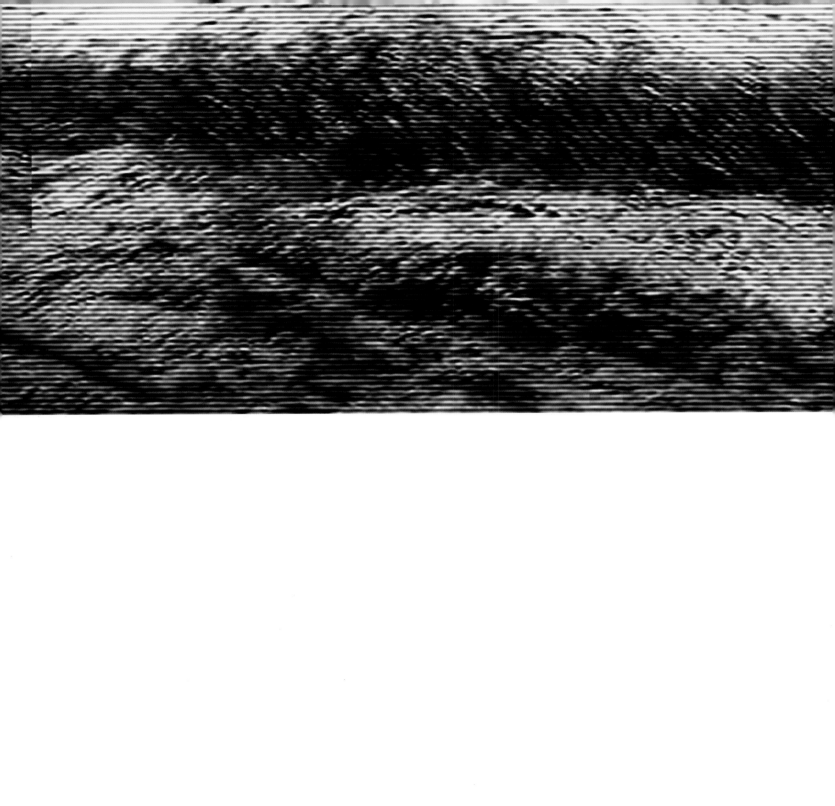

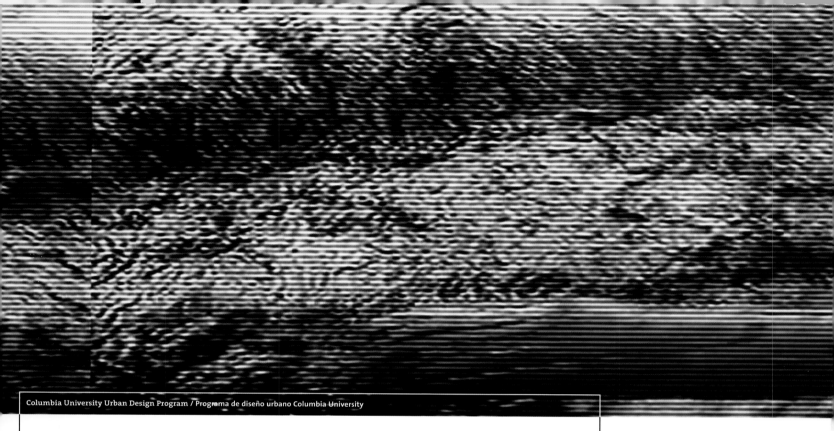

Columbia University Urban Design Program / Programa de diseño urbano Columbia University

New Urbanisms 6 **Caracas Litoral, Venezuela**
Nuevos Urbanismos 6 **El Litoral de Caracas, Venezuela**

EDITED BY RICHARD PLUNZ, MICHAEL CONARD, MOJDEH BARATLOO, IGNACIO LAMAR, ERIC BREWER
DESIGN: MARIANO DESMARAS

Published by
Princeton Architectural Press
37 East Seventh Street
New York, New York 10003

For a free catalog of books, call 1.800.722.6657.
Visit our web site at www.papress.com.

Project Editor: Linda Lee

This publication is made possible by the generous support of Fundación de
Arquitectura y Diseño Urbano, FADU, Caracas, Venezuela.

Special thanks to: Nettie Aljian, Dorothy Ball, Nicola Bednarek, Janet Behning,
Megan Carey, Penny (Yuen Pik) Chu, Russell Fernandez, Jan Haux, Clare Jacobson,
John King, Mark Lamster, Nancy Eklund Later, Katharine Myers, Lauren Nelson,
Molly Rouzie, Jane Sheinman, Scott Tennent, Jennifer Thompson, Paul Wagner,
Joseph Weston, and Deb Wood of Princeton Architectural Press
—Kevin C. Lippert, publisher

Library of Congress Cataloging-in-Publication Data
Caracas Litoral, Venezuela / Richard Plunz, Michael Conard, Mojdeh Baratloo,
editors.— 1st ed.
      p. cm. — (New urbanisms)
  ISBN 1-56898-446-4 (pbk. : alk. paper)
  1. Regional planning—Venezuela—Vargas (State) 2. Disaster relief—
Venezuela—Vargas (State) I. Plunz, Richard. II. Conard, Michael. III. Baratloo,
Mojdeh. IV. Series.
  HT395.V42V374 2005
  307.1'216'09877—dc22
                                        2005004981

Foreword

I am pleased to add this edition of New Urbanisms to the series of MSAUD publications that address specific sites facing large-scale redevelopment where emergent social, economic, and cultural patterns confront traditional patterns of settlement. Past editions presented collaborations with Naples, Italy, Mostar in Bosnia and Herzegovina, Prague in the Czech Republic, and include an earlier collaboration with Caracas that explored the transformation of informal growth patterns relative to the completion of the Cota Mil highway.

It critically examines redevelopment opportunities along the area of the Vargas coast, decimated during the mudslides of December 1999. Long standing tensions between urbanization and nature, informal and the formal economies and the needs and interests of regional infrastructure and local neighborhoods preceded the disaster in Vargas, and are now more acute than ever. These new challenges only increase the complexity of this already difficult redevelopment project.

This publication has been made possible through the generous support of the Fundación Arquitectura y Diseño Urbano in Venezuela. We hope this publication will make significant contributions to local discussions about the future of the Vargas coastline and again applaud the author's efforts to expand our collective knowledge of emerging urban conditions around the world.

Bernard Tschumi
Columbia University

Prefacio

Es un placer para mí añadir esta edición de Nuevos Urbanismos a la serie de publicaciones de la Maestría en Arquitectura y Diseño Urbano. En ellas se nos presentan lugares específicos sometidos a re-desarollo a gran escala, en los cuales patrones sociales, económicos y culturales emergentes entran en conflicto con patrones de asentamiento tradicional. En ediciones anteriores se presentaron colaboraciones con Nápoles, Italia, Mostar en Bosnia-Herzegovina, Praga en la República Checa, incluyéndo una primera colaboración con Caracas, en la cual se exploraba la transformación de los patrones de crecimiento informal en relación con la ejecución del tramo final de la Cota Mil.

Esta edición examina críticamente de las oportunidades de re-desarrollo a lo largo de la costa del Estado Vargas después de los deslaves de Diciembre de 1999. El deslave estuvo precedido de las viejas tensiones entre los procesos de urbanización y la naturaleza, las economías formales e informales así como necesidades e intereses de infraestructura regionales y de las comunidades locales; las cuales son ahora más relevantes que nunca. Estos retos aumentan la complejidad del difícil proceso de desarrollo.

Esta publicación ha sido posible gracias al generoso apoyo de la Fundación de Arquitectura y Diseño Urbano en Venezuela. Esperamos que contribuya a las discusiones locales sobre el desarrollo del futuro del Estado Vargas y de nuevo aplaudo el esfuerzo de los autores para extender nuestro conocimiento sobre las distintas condiciones urbanas emergentes alrededor del mundo.

Bernard Tschumi
Columbia University

ACKNOWLEDGMENTS

This publication is made possible by the generous support of Fundación de Arquitectura y Diseño Urbano, FADU, Caracas, Venezuela

Special thanks to the following contributors:

NELSON MEZERHANE, Grupo FEDERAL-JANTESA, Caracas

FEDERICO VILLANUEVA BRANDT, Architect, Consejo Nacional de la Vivienda, Caracas

ALLAN BREWER-CARIAS, Lawyer, Caracas

FUNDACION DE ARQUITECTURA Y DISENO URBANO. FADU. Caracas, Venezuela

Project was held in collaboration with the following:

INSTITUTIONS:

AUAEV, Autoridad Unica de Ayuda al Estado Vargas, Caracas

CONAPRI, Consejo Nacional de Promoción de Inversiones, Caracas

CONAVI, Consejo Nacional de la Vivienda, Caracas

FUNDACIÓN ARMANDO Y ANALA PLANCHART, Caracas

FUNDACIÓN PLAN ESTRATÉGICO DE CARACAS

FUNVISIS, Fundación Venezolana de Investigaciones Sismológicas, Caracas

GLOBOVISIÓN, Caracas

INSTITUTO DE PATRIMONIO CULTURAL, Caracas

INSTITUTO REGIONAL DE ESTUDIOS URBANOS. IREU. Caracas, Venezuela

MINISTERIO DE INFRAESTRUCTURA, Caracas

MINISTERIO DE CIENCIA Y TECNOLOGÍA, Caracas

UCAB, UNIVERSIDAD CATÓLICA ANDRÉS BELLO, Caracas

UCV, UNIVERSIDAD CENTRAL DE VENEZUELA. FACULTAD DE ARQUITECTURA Y URBANISMO, Caracas

UNIMET, UNIVERSIDAD METROPOLITANA, Caracas

ALBERTO VOLLMER FOUNDATION, Caracas

INDIVIDUALS:

ANTONIO ARGIBAY, Architect, New York

ROBERTO CENTENO, Engineer, Caracas

ABNER COLMENARES, UCV Universidad Central de Venezuela. Facultad de Arquitectura y Urbanismo

IRACELIS FERNÁNDEZ, Grupo Federal-JANTESA, Caracas

ROBERTO FONT, Engineer, Caracas

CARLOS GARCÍA, Director Metropolitano de Vialidad y Transporte, Caracas

RAFAEL GARCÍA PLANCHART, Cámara Inmobiliaria de Venezuela

CARLOS GENATIOS, Ministro de Ciencia y Tecnología, Caracas

HANNIA GÓMEZ, IREU, Caracas

MARCELO GONZÁLEZ, Engineer, Caracas

PEDRO J. GONZÁLEZ, Engineer, Caracas

ÓSCAR GRAUER, UNIMET Universidad Metropolitana, Caracas

ARIEL JIMÉNEZ, Alberto Vollmer Foundation, Caracas

ALEJANDRO LIBERATORE, Engineer, Caracas

ENRIQUE MARCANO, Director, Metropolitano de Infraestructura

EDUARDO MARTÍNEZ, Engineer, Caracas

EMILY MÉNDEZ, AUAEV Autoridad Única de Ayuda al Estado Vargas, Caracas

CRISTOBAL MONTEMAYOR, Architect, Caracas

FELIPE MONTEMAYOR, Architect, Caracas

ADRIANA MOREIRA DE BAÍZ, Alberto Vollmer Foundation, Caracas

PATRICIA MUÑOZ, Grupo Federal-JANTESA, Caracas

MARCOS NEGRÓN, Universidad Central de Venezuela, Caracas

ALFREDO PEÑA, Alcaldía Metropolitana, Metropolitan Mayor

LUIS PENZINI, Camara de La Construcción, Caracas

ROBERTO PICÓN HERRERA, Caracas

MATEO PINTÓ, Architect, Caracas

MATIAS PINTÓ, Architect, Caracas

LEOPOLDO PROVENZALI, Instituto de Patrimonio Cultural, Caracas

IGNACIO RODRÍGUEZ-ITURBE, Engineer, Princeton University

CRISTÓBAL ROIG, Architect, Caracas

ADA ROMERO, Alberto Vollmer Foundation, Caracas

CAROLINA TINOCO. Architect, Caracas

CARLOS TORREALBA, Caracas

SOFÍA VOLLMER DE MADURO, Alberto Vollmer Foundation, Caracas

BICE C. WILSON, Architect, New York

LECTURERS:

RAFAEL ALVAREZ, Instituto Autonomo Ferrocarriles del Estado, Caracas

SHLOMO ANGEL, Architect, New York University

ALLAN BREWER-CARIAS, Lawyer, Universidad Central de Venezuela, Caracas

ROBERTO CENTENO, Engineer, Caracas

MICHAEL COHEN, Economist, New School University

FELIPE DELMONT, Architect, Caracas

VALENTINA DELMONT, Architect, Caracas

MARISABEL ESPINOZA, Architect, Caracas

DAVID GOUVERNEUR, Architect, Universidad Metropolitana, Caracas

FRANK MARCANO, Architect, Universidad Central de Venezuela, Caracas

PATRICIA MARQUEZ, Instituto de Estudios Superiores de Adminstración, IESA, Caracas

JOSÉ MIGUEL MENÉNDEZ, Architect, Caracas

FRANCO MICUCCI, Architect, Caracas

OSCAR OCHOA-ITURBE, Engineer, Universidad Católica Andrés Bello

NURIS ORIHUELA, Seismologist, FUNVISIS, Caracas

MARIO PAPARONI, Engineer, Universidad Católica Andrés Bello

MICHAEL PENFOLD, CONAPRI, Caracas

RICARDO PENFOLD, Economist, Caracas

RAÚL RIVERO, Autoridad Unica de Ayuda al Estado Vargas, Caracas

DANIEL SALCEDO, Engineer, Universidad Simón Bolívar, Caracas

MARÍA ISABEL PEÑA, Architect, Universidad Central de Venezuela

MARTA VALMITJANA, Architect, Universidad Central de Venezuela

TRANSLATION AND TECHNICAL SUPPORT

MARIA CECILIA BARRIENTOS

MARC BROSSA

SUSAN PENSAK

CASEY JONES

PANEL PHOTOGRAPHY

JOCK POTTLE/ESTO

GUEST CRITICS:

VICTORIA BENATAR, Architect, Parsons School of Design

MARÍA AUGUSTA BUENO, Architect, New York City

EMILIO CHACÓN, Architect, México City

JORGE DELGADO, Metropolitan Council, Caracas

DOUGLAS DÍAZ, Architect, Columbia University

YOLANDA DO CAMPO, Architect, New York

CELIA EMERY, Architect, New York

LUIS ENRIQUE FÓRNEZ, Universidad Central de Venezuela

KENNETH FRAMPTON, Columbia University, New York

CARLOS GÓMEZ DE LLARENA, Director, IREU, Caracas

TOSHIHIRO HANAZATO, Architect, Visiting Scholar, Columbia University

KLAUS JACOB, Geologist, Lamont-Doherty Earth Observatory

MAJID JELVEH, Architect, New York

CASEY JONES, Architect, New York

ANDREA KAHN, Columbia University, New York

PETRA KEMPF, Architect, New York

LAUREN KOGOD, Architect, Yale University

JUAN MACHADO, Architect, Caracas

LIONEL MACINTYRE, Planner, Columbia University

JEANETTE MADRIZ, Andean Parliament, Venezuela

PETER MARCUSE, Planner, Columbia University

PATRICIA MÁRQUEZ, Anthropologist, IESA, Caracas

MARY MCLEOD, Columbia University, New York

BRIAN McGRATH, Columbia University, New York

MARGARITA McGRATH, Architect, New York

LEO MODRCIN, Architect, New York

KAU MORIMOTO, Architect, Kajima Associates

GERMÁN NÚÑEZ, Engineer, Caracas

CIRO NAJLE, Architectural Association, London

STEVEN ROBINSON, Architect, Santa Fe

YOLISA SALAS, Architect, Caracas

DANIEL SALCEDO, Universidad Simón Bolívar, Caracas

ELLIOT SCLAR, Urban Planner, Columbia University

MOHAMMAD RAHIMIAN, Architect, Kajima Associates

PAUL SEGAL, Architect, New York

D. GRAHAME SHANE, Columbia University, New York

ROBERT SIEGEL, Architect, New York

JOSHUA SIREFMAN, HR&A, New York

DAVID SMILEY, Columbia University, New York

DANIELLE SMOLLER, Columbia University, New York

CHRIS STIENON, Architect, New York

MARK STRAUSS, Architect, New York

JOEL TOWERS, Columbia University, New York

ALEXANDER WASHBURN, Architect, New York

GWENDOLYN WRIGHT, Columbia University, New York

IRINA VERONA, Architect, New York

SPELA VIDECNIK, Architect, Ljubljana

FEDERICO VILLANUEVA BRANDT, Architect, Consejo Nacional de la Vivienda, Caracas

Table of contents
Indice de materias

10

Fall Studio Introduction
Introducción al estudio de otoño

ERIC BREWER, IGNACIO LAMAR

*"The town doesn't exist anymore ... There isn't anything.
It's a desert," she said. "It's as if there had never been any house."*

CNN, December 19, 1999, Caracas, Venezuela

*"La ciudad ya no existe ... No quedó nada. Es un desierto," dijo ella.
"Es como si jamás hubiera habido una casa."*

CNN, 19 de diciembre, Caracas, Venezuela.

Just several months after the mid December rainfall transformed more than 70% of the Avila's surface into violent mud
and rock avalanches, the federal government of Venezuela presented two radical reconstruction scenarios for its redevelopment. Both proposed completing the removal of the preslide
physical, social, and political conditions along the Vargas coast.
These 1000 hectares of devastated lands became a tableaux for
the interests of others as well, which included investment proposals from the regional and global private sector industries,
local nongovernment organizations (NGOs), and professional
institutes from around the globe. The interests of these desper-

Sólo unos meses después de que las lluvias transformaran más
del 70 por ciento de la falda del Avila en terribles aludes de
piedras y lodo, el gobierno federal de Venezuela presentó dos
propuestas radicales para la reurbanización. En las dos se proponía
la eliminación de las condiciones de deslizamiento físico, social y
político de la costa de Vargas. Estas 1.000 hectáreas de terreno
atrajeron a su vez el interés de otros sectores, y se recibieron propuestas de inversión tanto regionales como de industrias del sector privado a nivel global, de organizaciones no gubernamentales
locales (ONGs) y de universidades de todo el planeta. El interés de
estos ávidos sectores a veces en competencia hicieron realmente

ate and sometimes competing sectors made the public ambition of finding "one" reconstruction plan extremely difficult.

Our ability to contribute constructively to the discussion derived from our physical and political distance, our strong local contacts, and our ability to utilize preliminary proposals to speculate on scenarios for consensus and compromise. With the support of many individuals and organizations that provided their expertise in geology, hydrology, disaster planning, and environmental engineering, we were able to temper personal experience and emotion with state-of-the-art science and technology. This created an empirical multidisciplinary database that has helped to develop a critical yet personal approach to the projects.

These collaborations not only informed but also stimulated our discussions. They took the studio beyond the reconstruction of Vargas and raised issues relative to informal urbanization in Venezuela and Latin America in general. Conversations and references by Patricia Marquez and Federico Villanueva unveiled relations between informal economies, barrios, and enhancement projects. Shlomo Angel exposed the market value of barrios as part of the housing stock of the city and highlighted the importance of the process of legalization as property. Daniel Salcedo provided us, through his expertise as a geologist, with specific knowledge of the mudslides and the plans of barrios relocation in relation to mountain slopes. Roberto Centeno shared information from his personal library containing historic aerial photographs and documents of infrastructural proposals from the fifties. This feedback process among the group enriched the overall experience and exposed us to different disciplines.

We initiated the collection and organization of articles for this publication in conjunction with Adam Lubinski. The fall 2000 studio proposals focused on finding areas with development potential along the coastline. We examined historic proposals from the late fifties that recommended new tunnels to the eastern side of the coast joining Caracas and Los Caracas. Some of the teams challenged a recent proposal for a new coastal highway located at 500 meters above the sea. Many of the more conceptual ideas enriched our inquiries. They raised issues of evacuation routes and protected areas, hybrid infrastructure and alternate types of transportation, and suggested new locations for densification.

In the beginning we had the opportunity to question issues of patrimony and history and consider how critical one should be

difícil el deseo general de hallar "un" plan de reconstrucción.

La capacidad para contribuir de manera constructiva al debate tiene que ver con nuestra distancia física y política, la solidez de nuestros contactos en la zona y nuestra aptitud para utilizar propuestas preliminares y especular sobre propuestas en busca de compromiso y consenso. Gracias al apoyo de muchos especialistas y organizaciones que nos aportaron sus conocimientos en geología, hidrología, planificación para desastres e ingeniería medioambiental, hemos podido considerar las experiencias personales y las emociones con lo más avanzado en ciencia y tecnología. Se creó así una base de datos empírica y multidisciplinar que ha colaborado al desarrollo de un acercamiento crítico y también personal para con los proyectos.

Estas colaboraciones no sólo han aportado información sino que han estimulado el intercambio de opiniones en nuestros debates. El estudio fue llevado más allá de la reconstrucción de Vargas, y sirvió para plantear cuestiones relativas a la urbanización "informal" de Venezuela y en general de toda Latinoamérica. Las conversaciones con Patricia Márquez y Federico Villanueva, y sus referencias, revelan las relaciones existentes entre la economía de sector informal, los barrios y los proyectos de mejoramiento. Shlomo Angel expuso el valor de mercado de los barrios como parte del fondo urbanístico de la ciudad y subrayó la importancia del proceso de regularización de la propiedad. Daniel Salcedo como experto en geología nos proporcionó un específico grado de conocimiento sobre los deslaves y el plan de reubicación de los barrios en relación con las laderas de la montaña. Roberto Centeno compartió con nosotros fotografías aéreas históricas y documentos de propuestas sobre infraestructura de los años cincuenta provenientes de su biblioteca privada. Este método de obtención y circulación de información hizo que la experiencia de todos se viera enriquecida y permitió el acercamiento a diferentes disciplinas.

La recopilación y organización de artículos para esta publicación la iniciamos junto con Adam Lubinski. Las propuestas para el estudio de otoño del año 2000 se centraron en hallar áreas con potencial de desarrollo en la costa. Analizamos propuestas históricas de los años cincuenta que recomendaban túneles nuevos hacia el lado este de la costa que unieran Caracas con Los Caracas. Algunos equipos pusieron en duda la reciente propuesta de una nueva autopista por la costa situada a 500 metros sobre el nivel del mar. Muchas de las ideas más conceptuales sirvieron para enriquecer nuestras investigaciones. Estas plantearon cuestiones como las rutas de evacuación, las áreas protegidas, la infraestructura híbrida

in a crisis situation. Our visit evoked a range of responses and interests. Environmental transformations and the topography were main topics of discussion. Of common interest were the population and condition of the illegal settlements. Some students focused on the nature of the disaster and the conditions that facilitated its happening, others on the geographical location of the coastal region within a regional and/or global context. This unveiled diverse opportunities for the site that occasionally encountered an oddly nostalgic memory that sometimes naively, others forcefully, romanticized "good old times" gone long before the mudslides.

In the end these attempts to make a universal and unquestionable proposal considerate of the past had to confront structural and infrastructural changes that unavoidably but positively impacted the social and economic as well as the physical fabric of Vargas. Understanding how to prioritize and implement these necessary changes, which could predispose the site for future common interests, is reflected in each of the projects presented and, ultimately, is what this effort has best contributed to the state of Vargas and the nation of Venezuela.

y los medios de transporte alternos, y se sugirieron nuevos emplazamientos para la densificación.

Cuando comenzamos tuvimos la oportunidad de cuestionar asuntos relacionados con la historia y el patrimonio y valorar el grado de criticismo que debíamos observar en una situación de crisis. Nuestra visita provocó varios tipos de respuestas e intereses. Las transformaciones medioambientales y la topografía fueron principales temas de debate. Y de interés general fueron la población y la condición de asentamientos ilegales. Algunos estudiantes se centraron en la naturaleza de la catástrofe y en las condiciones que facilitaron que ésta sucediera, otros en la ubicación geográfica de la región costera dentro de un contexto regional y/o global. Esto dejó al descubierto diversas oportunidades para el área que ocasionalmente dieron paso a un curioso recuerdo nostálgico a veces un tanto naíve, y otras, que evocaban con claridad el romanticismo de "los buenos viejos tiempos" de la era anterior a los deslaves.

Al final, estos intentos de alcanzar una propuesta universal e incuestionable que fuera respetuosa con el pasado, debían enfrentarse a cambios estructurales y de infraestructura, que de manera inevitable pero positiva tuvieran un impacto sobre el tejido social y económico así como físico de Vargas. Hoy cada uno de los proyectos que se presentan reflejan la asunción de la importancia de comprender cómo priorizar e implementar estos cambios necesarios que podrían predisponer el área para futuros intereses comunes, y es ahí donde finalmente mejor ha contribuido nuestro esfuerzo al Estado Vargas y a Venezuela como país.

14

Time Capsule
La cápsula del tiempo

RICHARD PLUNZ

During those several days in mid-December 1999, the northern face of the Avila mountain that separates Caracas from the Caribbean, received an enormous amount of rainfall. By some estimates this phenomenon had a likelihood of occurring just once every eight thousand years. The extraordinary amount of water precipitated a major natural disaster that was well documented by the global media. The El Litoral coastline was transformed beyond recognition, with several towns effectively erased. By the time of our first postdisaster visit in September 2000, after a period of nine months, basic services and infrastructure were not yet restored. Reconstruction progress by the time of our second visit in January 2001 was still minimal. Up until this day there exists no clear concensus on a reconstruction strategy. Within this context of uncertainty our work considers both the toll of the natural disaster and the reconstruction questions it continues to pose. In some locations the disaster unleashed such long-term geologic instability that the issue of rebuilding can involve no reasonable answers, not to mention the parallel political instability that many Caraqueños will quickly point out the Avila disaster seems to have presaged.

The metropolitan area of Caracas comprises a population variously estimated at up to 5 million, primarily settled in the inland valley behind the Avila. Throughout most of its history since its founding by the Spanish in 1567, the importance of Caracas remained primarily regional. Only in the mid-twentieth century did Venezuela's oil production propel the city to global status. The relationship of Caracas to the littoral coast is complicated. The Spanish sited Caracas inland at a high elevation (1,000 meters) for advantages of climate and security. The littoral coast has always been crucial to the city, providing the infrastructure of port, airport, cyberport. At the same time, it has always remained estranged, recently becoming part of the Estado Vargas, governmentally separate from Caracas, extending the historic dialectic between physical dislocation and cultural integration. Especially on the weekends, El Litoral has functioned as a kind of Coney Island a populist urban extension growing from a permanent population of 450,000 to 1.5 million. El Litoral is sometimes referred to as a social "pressure valve." More integrated with the city is the Avila landscape, which also enters into the mythology of the city. The Avila provides the most significant physical identity for the city, giving coherence to the modern landscape of towers and barrios. It functions more to unite than divide the city and its seacoast. All this to say that among other things the reconstruction of the coast is of

Durante varios días, a mediados del mes de diciembre de 1999, la cara norte del Avila, la montaña que separa Caracas del Caribe, recibió una gran cantidad de lluvias torrenciales. Según varios estudios, éste es un fenómeno que ocurre una sola vez cada ocho mil años. La extraordinaria cantidad de agua que cayó provocó una catástrofe natural que quedó bien documentada por los medios de comunicación globales. Los cambios dejaron irreconocible El Litoral y varias ciudades quedaron devastadas . En septiembre del año 2000 cuando realizamos la primera visita nueve meses después de la catástrofe, aún no habían sido restauradas la infraestructura ni los servicios básicos. En nuestra segunda visita, con fecha de enero del año 2001, el proceso de reconstrucción apenas había avanzado. Todavía hoy no se ha llegado a ningún acuerdo en cuanto a las estrategias de reconstrucción. En este contexto de incertidumbre nuestro estudio ha tomado en cuenta tanto la dimensión del desastre natural como las cuestiones que surgen con la reconstrucción. Las consecuencias de inestabilidad geológica a largo plazo que ha desatado la catástrofe en algunas áreas son tales que la reconstrucción en sí puede incluir propuestas no razonables, y además hay que mencionar el paralelismo que muchos caraqueños han señalado entre el vaticinado desastre natural del Avila y el de la inestabilidad política.

El área metropolitana de Caracas comprende una población estimada de 5 millones de habitantes que se asientan en el valle interno detrás del Avila. Desde que fue fundada por los españoles en 1567, la importancia de Caracas a lo largo de su historia ha sido básicamente regional. Fue a mediados del siglo veinte, cuando la producción de petróleo impulsó a la ciudad a una posición global. La relación de Caracas con El Litoral es complicada. Los españoles ubicaron la ciudad en el interior y a gran altura (1.000 metros) por sus ventajas climatológicas y de seguridad. El Litoral siempre ha tenido crucial importancia para la ciudad, a la que proveyó de infraestructura portuaria, aeropuerto y ciberpuerto. Al mismo tiempo, siempre se mantuvo separado, y recientemente formó parte del Estado Vargas, cuyo gobierno es otro que el de Caracas, extendiendo la dialéctica histórica entre la separación física y la integración cultural. El Litoral ha estado funcionando como lo hizo Coney Island en Nueva York, como una extensión de terreno que los fines de semana de una población fija de 450.000 personas crecía hasta los 1,5 millones. Se suele hacer referencia al Litoral con el término "válvula de presión" social. Lo que sí está integrado en la ciudad es el paisaje del Avila, que también forma parte de la mitología de la ciudad. El pico del Avila conforma el rasgo de identidad más significativo de la ciudad, aportando coherencia en el

deep "spiritual" significance to Caraqueño identity. But the Avila is also a physical barrier.

In spite of the importance of El Litoral to the culture of Caracas, it has never been well connected, separated as it is by the Avila. Perhaps psychologically this distance was a positive, the existence of another world so near but yet so far. In recent history, however, this estrangement became increasingly problematic with only one route between the city and its airport, seaport, and the beaches beyond. And after the disaster this dislocation became a crucial issue relative to strategizing reinvestment. The catch is that the investment needed to "restore" the coast can only be justified through inclusion of major new infrastructure that could address the hope of providing sufficient social and economic returns. Otherwise things may stay as they presently are. Public discussion of the latter option has remained unacknowledged, although perhaps now, two years later, this too will change in tandem with national politics.

The basic question for us was how, where, and when to most effectively allocate new infrastructural investment relative to an overall vision for what El Litoral could become. There were basic large-scale alternatives, for example, involving a high-speed road and/or rail corridor, a new tunnel providing a loop to the eastern area of Caracas, and new airport and seaport infrastructure at the western area of the coast, projects long in the arena of public discussion. Throughout the study these gradually disappeared from our scrutiny, our attention shifting instead to less expensive and more flexibly integrated strategies. In this regard, it is important to note our diffidence in portending a continuity with the vast Venezuelan modernist project for Caracas, given its obvious limitations in hindsight. It was equally difficult to follow a strict adherence to orthodox modern developmental ideals in a city that is well over half "illegitimate" relative to orthodox developmental criteria. The idea evolved to "jump over" the hegemony of modernism to another level. Perhaps most fundamentally, our work was involved with this level of strategy.

In general we tried to correlate alternative levels of reinvestment in El Litoral with differing urban design outcomes relative to specific hypothetical case-study development proposals. The proposals reflect with reasonable accuracy the internal discourse of both fall and spring studios, evolved over the course of the two semesters. This consensus centered around a strategy of consolidation of proposed interventions toward the west-

moderno paisaje de torres y barrios. Actúa más como un elemento unitivo que divisorio entre la ciudad y la costa. Todo esto sirve para transmitir la idea de que la reconstrucción de la costa es un tema de profunda importancia "espiritual" para la identidad caraqueña. Aunque el Avila también constituya una barrera física.

A pesar de la importancia del Litoral en la cultura de Caracas, nunca han estado bien conectados debido a la separación que impone el Avila. Puede que a nivel sicológico la distancia fuera positiva y mantuviera ese otro mundo tan cercano, tan lejos. En la historia reciente, esta separación se ha convertido en un problema de cada vez mayor envergadura por haber una única ruta entre la ciudad y el aeropuerto, puerto de mar y las playas. Después de la catástrofe esta dislocación se convirtió en un tema crucial en lo relativo a las estrategias de inversión. El punto más importante es que la inversión necesaria para "restaurar" la costa sólo puede justificarse si la principal nueva infraestructura pudiera cubrir las espectativas de proveer de los beneficios sociales y económicos necesarios. De lo contrario, la situación puede continuar de la manera en la que está. El debate público de esta última cuestión aún no se ha reconocido, aunque puede que ahora, dos años más tarde, esto pueda cambiar en línea con la política interna.

Las preguntas básicas que nos hacemos ahora son cúando, cómo y dónde situar de manera efectiva las nuevas inversiones en infraestructura en relación a una visión general de lo que podría llegar a convertirse El Litoral. Han habido alternativas básicas a gran escala, como la que incluía una autopista y/o una vía férrea, un nuevo túnel que enlazaría El Litoral con la zona este de Caracas, y una nueva infraestructura portuaria y de aeropuerto en la zona oeste de la costa, proyectos que llevan tiempo debatiéndose en el escenario público. A lo largo de la investigación estas alternativas han ido desapareciendo gradualmente de nuestro escrutinio, y nuestra atención giró en cambio hacia estrategias de integración más flexibles y de menor coste presupuestario. A este respecto, es importante que quede clara nuestra duda en cuanto a la continuidad del gran proyecto modernista de Venezuela para Caracas viendo en perspectiva las limitaciones obvias. Era igualmente difícil seguir con estricta adherencia los ideales ortodoxos de desarrollo moderno en una ciudad donde la "ilegitimidad" relativa al criterio de desarrollo moderno ortodoxo es superior a la mitad. La idea evolucionó y "saltó" sobre la hegemonía del modernismo hacia otro nivel. Puede que fundamentalmente, nuestro trabajo estuviera comprometido en este nivel de estrategia.

ern end of Vargas, around the preexisting infrastructure of the airport, seaport, and fledgling cyberport. In this it is important to note our aversion to large monofunctional infrastructure and, instead, the predisposition toward the flexibilities that accompany a more cumulative approach. The idea of the developmental catalyst or "trigger" became central to each intervention proposal. Developmental "packages" surfaced for which conditional mechanisms could be predicted in substitution of traditional linear investment progressions, such that individual pieces may or may not happen without threatening whole outcomes.

The evolution of this approach incorporated the fall 2000 semester, which laid certain more ad hoc groundwork comprising a survey of comprehensive site potentials as a first generalized exploration. The spring 2001 semester dedicated particular programmatic/locational strategies based in part on the fall experience. The fall explored the limits of a discourse and the spring developed a core discourse. At the heart of this dialogue was identification of the potential array of "triggers" with investigation of the likely developmental potentials and impedances associated with each. Several involved a certain faith in new urban economic generators, the fallout from globalization and its positive localized effects.

One obvious developmental "trigger" involved the information industry, and Group 4 "IT Group" envisioned maximizing the impact of the telecommunications hub already established at Maiquetia to propose a new multifunctional node including housing. In this strategy reinforcement of Caracas as a principal portal to Latin America was a primary intention. The same can be said for Group 1 "Fragmented City" for whom the new global politics became a trigger in the shape of a Latin American forum proposed for five microsites connected to the transverse of the Avenida Soublette. These sites were expected to operate as "cells" that could reinforce a "new urban geometry" and a new economic position in the region. More regionally aggressive was the strategy of Group 6 "Time(d) Lines," which tied the air/sea/cyberport to the globalizing possibilities of the pending Free Trade Agreement of the Americas (FTAA) as a free-trade transshipment zone producing revenue to be invested in the adjacent barrios. Thus the global economy was to be tied to the local informal sector not one to the exclusion of the other. The importance of the so-called informal sector economy (and material culture) dominated much of the strate-

En general, hemos intentado correlacionar niveles alternativos de reinversión en El Litoral con resultados de diseño urbano diferentes relativos a propuestas de desarrollo específicas de casos de estudio hipotéticos. Estas propuestas reflejan con razonable precisión el discurso interno de los estudios de otoño y primavera, que evolucionaron en el transcurso de los dos semestres. Este consenso se centró alrededor de una estrategia de consolidación de intervenciones propuestas para el oeste de Vargas, en torno a las infraestructuras existentes de aeropuerto, puerto de mar y ciberpuerto en ciernes. Es importante que quede constancia de nuestro rechazo ante una gran infraestructura monofuncional, y por contra, nuestra predisposición hacia la flexibilidad que acompaña a una propuesta acumulativa. La idea del desarrollo catalizador o "detonante" se convirtió en primordial en cada propuesta de intervención. Los "paquetes" de desarrollo revistieron aquellos mecanismos condicionales que pudieron predecirse sustituyendo las progresiones de inversión lineales tradicionales, como las partes individuales que pueden o no ocurrir sin alterar el resultado general.

La evolución de esta propuesta se incorporó en el semestre de otoño del año 2000, la cual tendió una base considerablemente más "ad hoc" que comprende un estudio con un extenso potencial de ubicación como primera exploración generalizada. En el semestre de primavera del año 2001 se dedicaron estrategias programáticas y de hubicación particulares basadas en parte en las experiencias del otoño. En otoño se exploraron los límites del discurso y fue en primavera cuando se desarrolló el núcleo del mismo. En el corazón de este diálogo estaba la identificación de la matriz potencial de "detonantes" con la investigación del probable desarrollo de potenciales e impedancias asociados con cada uno. Muchos implicaban cierta fe en los nuevos generadores económicos urbanos, como las consecuencias de la globalización y sus positivos efectos localicados.

Un evidente "detonante" de desarrollo involucró a la industria de la información, y el Grupo 4 "Grupo IT" proyectó maximizar el impacto de la ya existente plataforma de comunicaciones en Maiquetía para proponer un nuevo nodo multifuncional que incluía vivienda. En esta estrategia el refuerzo de Caracas como principal portal a Latinoamérica era un objetivo de primer orden. Lo mismo puede decirse del Grupo 1 "Ciudad fragmentada" para quien la nueva política global se convertía en detonante de la forma del foro latinoamericano que proponía cinco micro espacios conectados a la transversal de la Avenida Soublette. Se esperaba que estos sitios operaran como "células" que pudieran reforzar una

gizing just as it dominates much of the actuality of daily Caracas existence. In this regard, Group 2 "Localities" down-played completely the role of large-scale investment, instead pointing toward a "guerrilla planning" strategy of nurturing the informal sector and its critical role in the evolution of the inter-mediate scale of the quasi-independent urban entity. Likewise, Group 3 "Stretched City" imagined a similar realpolitik of many microeconomies conceptually tied to a system of complemen-tarities as a framework for conditional urban operations employing a microfunctionality outside the scope of orthodox urban design methodology.

A companion to this discourse has been the continuing rele-vance of the two extraordinary briefing sessions in Caracas, which put firmly in evidence the complexities surrounding the El Litoral reconstruction, both political and tectonic not to men-tion the studio reviews in New York that highlighted the fluidi-ty of approaches among both students and guests. A major point of contention involved approaches to infrastructural investment. For example, from the beginning, the architect and urbanist Carlos Gomez de Llarena insisted that an unvarnished priority should be completion of the long-proposed modern coastal highway project as an urban "corniche" looped back into Caracas through a tunnel under the Avila. This project was easily dismissed by many students as far too costly given the current realities of the Venezuelan political economy. Yet, notably, the majority of the final proposals were obliged to admit to the necessity of this option toward realizing a reason-able regional movement infrastructure. At the opposite end of the spectrum, the microscale proponents also had their voice in the students' thinking. One such voice belonged to the anthro-pologist Patrizia Marquez, whose studies of the new forms of microenterprise were useful. Particularly intriguing were the connections she made between new telecommunications infra-structure which is certainly global and expansive and the criti-cal importance of cell phones to new informal sector micro-business and its liberating effect on women who have become crucial in this new entrepreneurial class. Hers was a powerful set of observations that no proposal could afford to ignore.

Now, two years later, nothing expansive has happened in El Litoral relative to reconstruction and, for sure, much has changed politically both in Venezuela and in the world. One could argue that this work represents a naive idealism that no longer holds, but it is also true, perhaps now more than ever,

18

"nueva geometría urbana" y una nueva posición económica en la región. La estrategia del Grupo 6 "Líneas de Tiempo" era regional-mente más agresiva, y dejaba que las posibilidades globalizadoras del puerto de aire, mar y cibernético quedaran sujetas al pendiente Tratado de Libre Comercio de las Américas (ALCA) como zona de transbordo de libre comercio cuyos beneficios serían invertidos en los barrios adyacentes. De esta manera, la economía global quedaría sujeta a la de sector informal, y ninguna de estas podría quedar excluida. La importancia de la llamada economía de sector informal (y la cultura material) dominaba gran parte de la forma-ción de estrategias tanto como domina gran parte de la actualidad de la existencia diaria de Caracas. A este respecto, el Grupo 2 "Localidades" minimizaba por completo la importancia del papel de la inversión a gran escala, y en su lugar apuntaba hacia una estrategia de "planificación de guerrilla" de nutrición del sector informal y su rol crítico en la evolución a escala intermedia de la casi independiente entidad urbana. Asimismo, el Grupo 3 "La ciu-dad estirada" proyectaba una real política de muchas micro-economías unidas conceptualmente a un sistema de complemen-tariedades como marco de operaciones urbanas condicionales que usan la microfuncionalidad fuera del panorama de la metodología ortodoxa de diseño urbano.

Una acompañante de este discurso ha sido la relevancia continua de dos extraordinarias sesiones informativas en Caracas, que pusieron en evidencia de manera contundente las complejidades circundantes a la reconstrucción del Litoral, a nivel tanto político como tectónico, eso sin mencionar los análisis realizados en Nueva York que subrayaban la flexibilidad de los planteamientos entre invitados y estudiantes. Los planteamientos relacionados con la inversión estructural quedaban sujetos a un nivel de contención más alto. Por ejemplo, y desde un principio, el arquitecto y urban-ista Carlos Gómez de Llarena insistía en que una prioridad clara debía ser la terminación del proyecto propuesto hace largo tiempo de autopista por la costa como una cornisa urbana que daría la vuelta a Caracas por un túnel bajo el Avila. Este proyecto fue descartado de ipso facto por los estudiantes con el argumento de que era demasiado caro teniendo en cuenta la realidad de la políti-ca económica actual de Venezuela. Sin embargo, a pesar de eso, la mayoría de las propuestas finales tuvieron que admitir la necesi-dad de esta opción dándose cuenta del cambio regional en infraestructura que este cambio supondría. Al otro lado del espec-tro se encontraba la opinión de los estudiantes que apoyaban el proyecto a microescala. Una de esas opiniones pertenecía a la antropóloga Patricia Márquez, cuyos estudios sobre nuevas formas

that this idealism is important to keep alive. Or at least one can argue it is an idealism that sooner or later must again surface. In many ways this project represents a form of "time capsule" such that it will be there when the discourse reemerges. At the end of the day, our function has been to keep alternatives on the table.

de microempresas fueron de gran utilidad. Fueron particularmente fascinantes las conexiones que estableció entre las nuevas infraestructuras de telecomunicaciones , que están sin duda en expansión y son de carácter global, y la importancia crítica de la telefonía móvil en el sector informal de microempresas, con el subsiguiente efecto liberador en las mujeres, que se han convertido en una nueva y decisiva clase empresarial. Hacia ellas estuvieron dirigidas un conjunto de observaciones que no pudieron ser obviadas por ninguna de las propuestas.

Hoy, cuatro años más tarde, en El Litoral no ha ocurrido nada expansivo en relación a la reconstrucción, y sin duda, sí que han sido muchas las cosas que han cambiado en el panorama político tanto de Venezuela como del resto del mundo. Se podría objetar que este trabajo representa un idealismo naíve que no se sostiene por sí mismo, pero también es cierto que, quizá ahora más que nunca, es importante mantener este idealismo para mantenerse a flote. O al menos se puede sostener que este tipo de idealismo más pronto o más tarde debe salir a la superficie. Este proyecto representa de muchas maneras una "cápsula del tiempo" que estará ahí cuando el discurso vuelva a salir a la luz. Nuestra función ha tenido como objetivo colocar sobre la mesa las distintas alternativas.

Vargas State and the Institutional Problems of the Central Coast
El Estado Vargas y los problemas institucionales del Litoral Central

ALLAN BREWER-CARIAS

One of the main problems that the recovery and development of the areas of the central coast in Vargas state affected by the floods and alluviums of December 1999 have is the lack of local institutional capacity to respond to the emergency. It is not about the inexistence of authorities, institutions, and officers with jurisdiction in the area; in fact, it is about so many authorities, without a chance of integration or coordination that affects the governability of the area and the recovery project.

I Indeed, currently, the area of the central coast is located in the territorial jurisdiction of Vargas state, which is one of the 24

Uno de los principales problemas para la recuperación y desarrollo de la costa central del estado Vargas despues del deslave de 1999 es la falta de capacidad institucional, a nivel local, para responder a la emergencia. No es la inexistencia de autoridades, oficiales o instituciones con jurisdicción sobre el área; en realidad, hay demasiadas autoridades, sin posibilidades de coordinación o integración, lo que afecta la gobernabilidad del área y por consiguiente el proyecto de reconstruccion.

I La zona del litoral central de Venezuela, en el mar Caribe, se encuentra actualmente en la jurisdicción territorial del Estado

states of the federation, having no connection with the governmental jurisdiction of the city of Caracas. In contrast, until 1998, such area had always been territorily integrated to the capital city, where the port and airport serving the city are located.

This integration of the central coast to Caracas goes back to the Constitution of the Province of Caracas, of 1812, which located in one of its departments, the one of Caracas (art. 6) "the canton of Caracas and its neighboring coasts" (art. 3), which had four district three in the valley of the city of Caracas, and one called "La Guaira District with the towns and valleys of Caruao, Chuspa, Naiguata, Caraballeda, Cojo, Macuto, La Guaira, Maiquetia, Tarmas and Carayaca" (art. 14).

All this territory of the "canton of Caracas and its neighboring coasts," in the Constitution of the United States of Venezuela, in 1864, which consolidated the federal state, became a part of the Federal District. It had had two districts: Libertador, in the valley of Caracas and Vargas, in the central coast. They both formed one single municipality (the municipality of the Federal District) until 1986, when the Organic Law of the Federal District created two municipalities: Libertador and Vargas.

After several attempts to separate Vargas municipality from the Federal District and to create a state of the federation in the central coast, in 1998 the Vargas Federal Territory was created, through organic law, with jurisdiction in the Vargas municipality, taking it out from the federal district. Later in the same year, through special law, such federal territory turned into a new state of the federation, Vargas State.

In the last two years, the institutional consolidation process of the Vargas state, which has the same territory of Vargas municipality, has developed. It is, therefore, a state of the federation that has one single municipality. Consequently, it has a territory in which the governor and the legislative assembly of the state and the mayor and the municipal council of the municipality act in parallel, even with different competencies. That, without doubt, conspires against the necessary political decentralization, as a requisite of democratic participation.

II On the occasion of the catastrophe of the alluvium that occurred in December 1999 in the central coast, in the same territory and as per article 58 of the Organic Law of Territorial Organization, an Only Area Authority for Vargas State, to plan and coordinate the process of organization of the territory was created. This process was required for the integral recovery and

Vargas, que es uno de los 24 Estados de la Federación.

Hasta 1998, dicha zona del litoral central siempre había estado integrada territorialmente a la ciudad de Caracas. La Constitución de la Provincia de Caracas, de 1812, ubicaba en uno de sus Departamentos, el de Caracas (art. 6) el "Cantón de Caracas y sus costas vecinas"(art. 3), el cual tenía cuatro Distritos: tres en el recinto de la ciudad de Caracas, y en el Valle de Caracas, y uno denominado "Distrito La Guaira con los poblados y valles de Caruao, Chuspa, Naiguatá, Caraballeda, Cojo, Macuto, La Guaira, Maiquetía, Tarmas y Carayaca" (art. 14).

Todo ese territorio del "Cantón de Caracas y sus costas vecinas", en la Constitución de los Estados Unidos de Venezuela de 1864, pasó a integrar el recién creado Distrito Federal (1863), el cual tenía dos Distritos: el Distrito Libertador en el valle de Caracas y el Distrito Vargas en el litoral central. Ambos formaron una sola municipalidad , (la municipalidad del Distrito Federal), hasta que la Ley Orgánica del Distrito Federal de 1986 creó dos municipios: el Municipio Libertador y el Municipio Vargas.

Después de muchos intentos por separar el municipio Vargas del Distrito Federal y crear un Estado de la Federación en el litoral central, en 1998, se creó, mediante Ley Orgánica que crea el Territorio Federal Vargas, el Territorio Federal Vargas, desagregándolo del Distrito Federal para, luego, convertir dicho Territorio Federal en el Estado Vargas, mediante la Ley Especial que eleva a la categoría de Estado al Territorio Federal Vargas, del mismo año 1998.

Por tanto, desde 1998, el antiguo Distrito La Guaira del Cantón Caracas, o el Distrito Vargas del Distrito Federal es un Estado de la República, en proceso de consolidación institucional, con un territorio que aún coincide con el del Municipio Vargas.

Se trata, por tanto, de un Estado de la Federación que tiene un solo Municipio y, en consecuencia, con un territorio en el cual actúan, en paralelo, aún con competencias diferentes, el Gobernador y la Asamblea Legislativa del Estado y el Alcalde y el Concejo Municipal del Municipio. Ello, sin embargo, conspira contra la necesaria descentralización política, como requisito de la participación democrática.

II Con motivo de la catástrofe que produjo el deslave ocurrido en diciembre de 1999 en el litoral central, se creó, además, en ese territorio, una Autoridad Unica de Area para el Estado Vargas para planificar y coordinar el proceso de ordenación del territorio requerido para la recuperación y el desarrollo integral del área,

development of the area. Said rule set forth this authority for the development of specific plans and programs of territorial organization whose functional complexity requires it due to the intervention of several organs of the public sector or to the amount of financial resources engaged in its development. The object of this authority, established in article 60 of said Organic Law, is planning, coordinating, executing, and controlling the plans and programs of territorial organization required for the integral development of the area or program of its competency.

Said Only Area Authority was created through Decree No. 700, dated February 16th, 2000, which assigned as general objective the planning and coordination of plans and programs of territorial organization required for the integral development of the area. Some of the faculties of the Only Area Authority are:

• Proposing the integral urban planning that permits the reorganization and implementation of the public services in the area of its competency
• Establishing rules of territorial organization to lead the performance of state and municipal organs and other public or private entities, having competency or acting within its territorial scope, as per the provision of the rules currently in force
• Coordinating the elaboration of the Regional Plan of Territorial Organization
• Coordinating and advising the municipal authorities in the making of the plans of urban organization and in the local environmental managing
• Identifying and evaluating projects tending to solve environmental and territorial organization problems in its space scope
• Coordinating the implementation of programs and actions tending to the recovery, restructuring and improvement of the area (art. 4)

The Administration Council of the Only Authority is formed by representatives of different ministries. In addition, having jurisdiction in the same area, a Corporation for the Recovery and Development of Vargas State was created through a law dated June 18th, 2000, as autonomous institute. Some of its competencies are:
• Procuring the harmonic development of the region according to its vocation and potential; supporting strategic projects of investment in hydraulic infrastructure, maritime, road, communicational, basic service, and urban operation works

conforme lo autoriza el artículo 58 de la Ley Orgánica de Ordenación del Territorio. Dicha norma prevé esta figura para el desarrollo de planes y programas específicos de ordenación del territorio cuya complejidad funcional, por la intervención de varios organismos del sector público o por la cantidad de recursos financieros comprometidos en su desarrollo, así lo requieran. Su objeto, precisado en el artículo 60 de dicha Ley Orgánica, es planificar, programar, coordinar, ejecutar y controlar los planes y programas de ordenación del territorio requeridos para el desarrollo integral del área o programa de su competencia.

Dicha Autoridad Unica de Area se creó mediante el Decreto No. 700 de 16 de febrero de 2000, en el cual se le asignó como objetivo general la planificación y coordinación de los planes y programas de ordenación del territorio requeridos para el desarrollo integral del área o programa de su competencia y como objetivos específicos los siguientes:

• Dirigir, coordinar y controlar los planes y programas que serán desarrollados en el área de su competencia.
• Proponer la planificación urbanística integral que permita la reorganización y puesta en funcionamiento de los servicios públicos dentro del área de su competencia.
• Coordinar las nuevas áreas bajo régimen de administración especial que sean decretadas en dicho Estado por el Ejecutivo Nacional, orientando la actuación de los diferentes organismos nacionales, estatales y municipales.
• Establecer normas de ordenación del territorio en las áreas bajo régimen de administración especial, para orientar la actuación de los organismos estatales, municipales y demás entes públicos y privados, con competencia o actuación dentro de su ámbito territorial, de conformidad con lo establecido en la normativa legal vigente.
• Elaborar y coordinar los planes, programas y proyectos de investigación, información y normativa en el ámbito territorial de la Autoridad Unica de Area para el Estado Vargas, así como administrar los recursos financieros que le sean asignados para su ejecución.
• Coordinar la elaboración del Plan Regional de Ordenación del Territorio.
• Coordinar la elaboración y aprobación y controlar la ejecución de los planes de ordenamiento territorial de las áreas bajo administración especial, dentro de su ámbito territorial.
• Coordinar y asesorar a las autoridades municipales en la formulación de los planes de ordenamiento urbanístico y en la

• Coordinating, promoting or developing property and public work programs
• Contributing with the corresponding national, state and municipal organs in the elaboration of draft laws, plans and programs affecting the development of said state
• Promoting the environmental studies required in the area, for its adequate use and conservation

The authorities of the autonomous institute are appointed by the president of the Republic.

III Besides these authorities, two public corporations of great importance act in jurisdiction of Vargas State, which operate Maiquetia International Airport and the Port of La Guaira.

The airport is ruled by the Law creating the Maiquetia International Airport Institute, sanctioned in 1971. It have competency to build, condition, maintain and develop, manage and exploit the group of facilities destined to air and civil transport of Maiquetia International Airport; improve the services; maintain a permanent link with the other airports to contribute and demand cooperation in the air traffic; supervise and coordinate the functions and services rendered in the airport; and finally, procure the recovery of the investments. The authorities of the Airport Institute are also freely appointed by the president of the Republic.

Regarding the port of La Guaira, same is managed by the state enterprise Puertos del Litoral Central S.A., which acts as concessionaire of the managing and maintenance of La Guaira Port. This enterprise was created as a consequence of the Law for the Suspension of the National Port Institute of 1992. The shareholder of the enterprise was the autonomous institute Fondo de Inversiones de Venezuela (Venezuelan Investment Fund) recently (2001) turned into Banco de Desarrollo Económico y Social de Venezuela (Social and Economic Development Bank of Venezuela).

IV Therefore, in the territory of Vargas State, the following authorities act with specific purposes, in many cases overlapped, regarding the same area destroyed by the floods and slides in December 1999.

First, there are the authorities of Vargas State, basically represented by the Legislative Assembly and the governor of the State, with the general competencies the states of the federation have among them in subjects of territorial organization.

gestión ambiental local.
• Identificar y evaluar proyectos orientados a la solución de problemas ambientales y de ordenación del te-rritorio en su ámbito espacial.
• Coordinar la implementación de programas y acciones tendentes a la recuperación, saneamiento y mejora del área. (art. 4)
• El Consejo de administración de la Autoridad Unica está integrado por representantes de varios Ministerios.

Pero, además, en el mismo litoral central se creó una Corporación para la Recuperación y Desarrollo del Estado Vargas como instituto autónomo. La Ley de dicha Corporación, de 18 de junio de 2000, atribuyó a la misma las siguientes competencias:

• Procurar el desarrollo armónico de la región de acuerdo a su vocación y potencialidades.
• Apoyar proyectos estratégicos de inversión en infraestructura hidráulica, obras marítimas, viales, de comunicaciones de servicios básicos y de operaciones urbanísticas.
• Elaborar programas de ayuda técnica y financiera a las empresas establecidas o por establecerse en el área.
• Fomentar la participación activa de los grupos sociales en el desarrollo del área de su competencia y apoyar iniciativas para la formación y gestión de empresas.
• Coordinar, promover o desarrollar programas inmobiliarios y de obras públicas.
• Colaborar con los organismos nacionales, estatales y municipales correspondientes, en la elaboración de proyectos de leyes, planes y programas que incidan en el desarrollo de dicho Estado.
• Auspiciar reuniones y programas de inversión en función del desarrollo diversificado de la economía.
• Promover los estudios ambientales necesarios en el área, para su adecuada utilización y conservación. Las autoridades del instituto son nombradas por el Presidente de la República.

III Paralelamente a estas autoridades, en el litoral central están ubicadas dos corporaciones públicas de primordial importancia que operan el Aeropuerto Internacional de Maiquetía y el Puerto de La Guaira.

El Aeropuerto está regido por la Ley que creó el Instituto Aeropuerto Internacional de Maiquetía, sancionada en 1971, el cual tiene competencia para construir, acondicionar, mantener y desarrollar, administrar y explotar el conjunto de obras e instalaciones destinadas al transporte aéreo y civil del Aeropuerto Internacional

Second, there are the authorities of the Vargas municipality, which has the same territory of the state, with the competencies all the municipalities of the country have among them in subjects of urban organization.

Third, there is the Only Area Authority for Vargas State, as an organ of the national public administration, which is central, but not concentrated, with the essential mission of planning and coordinating the process of territorial organization required for the integral recovery and development of the area of Vargas State.

Fourth, there is the Corporation for the Recovery and Development of Vargas State, which is a national autonomous institute (Public Corporation) that forms the decentralized National Public Administration, with competency in subjects regarding the territorial organization.

Fifth, the autonomous institute Maiquetia International Airport, which is also a part of the national public administration, has general competencies in the managing of the largest national and international airport of the country, serving Caracas.

Sixth, the public enterprise Puertos del Litoral Central S.A. (ports of the central coast), which is a state corporation whose capital is entirely owned by a national autonomous institute called Banco de Desarrollo Económino y Social de Venezuela, in charge of the managing and maintenance of La Guaira Port, one of the most important ports of the country, serving Caracas.

It is noteworthy that the institutional organization currently existing in Vargas State, with parallel authorities that sometimes overlapped without coordination, is the less indicated for the implementation of a recovery and development plan of the area devastated by the alluvium in 1999.

Therefore, what is required is the implementation of an institutional scheme that allows the effective managing of the recovery and development of the area. With the current system it is almost impossible.

de Maiquetía; perfeccionar los servicios; mantener un enlace permanente con los demás aeropuertos para prestar y exigir cooperación para el tráfico aéreo; supervisar y coordinar las funciones y servicios que se presten en el aeropuerto y, finalmente, procurar la recuperación de las inversiones.

Las autoridades del instituto del aeropuerto son nombradas libremente por el Presidente de la República.

En cuanto al puerto de La Guaira, el mismo está administrado por una empresa del Estado, Puertos del Litoral Central PLC S.A., que actúa como concesionaria para la administración y mantenimiento del Puerto de La Guaira. Esta empresa fue creada como consecuencia de la Ley para la suspensión del Instituto Nacional de Puertos de 1992, cuyo accionista era el Fondo de Inversiones de Venezuela, recientemente (2001) transformado en Banco de Desarrollo Económico y Social de Venezuela.

IV Como puede observarse, la organización institucional del litoral central en la actualidad, con autoridades a veces paralelas y a veces superpuestas, sin coordinación alguna, es la menos indicada para que pueda implementarse un plan de recuperación y desarrollo del área devastada por el deslave de 1999.

De ello, resulta la necesidad imperiosa de implementar un esquema institucional que permita gerenciar efectivamente la recuperación y desarrollo de la zona. Con el sistema actual, materialmente, ello es imposible.

Unintentional Boulton
Boulton involuntario

ARIEL JIMENEZ

To appreciate the meaning these simple images might have to Venezuelans, those who still believe in the symbolic value of the image, we must understand how Alfredo Boulton's photographic work responded to the circumstances of its time. Three main elements frame and define his photographic work from the late twenties, when he took his first shots, to the end of the forties, when he took these images of the La Guaira port.

The first element is, without doubt, Juan Vicente Gomez's harsh rural dictatorship from 1909 to 1935. Gomez subjected the country to an authoritarian regime whose end would mark the

Si queremos comprender algo del significado que estas sencillas imágenes pueden tener para los venezolanos -aquellos al menos que creen aún en el valor simbólico de la imagen- habría que hacerse una idea de lo que fue la obra fotográfica de Alfredo Boulton y de la manera cómo ella respondió a las circunstancias de su época. Tres factores mayores, podríamos decir, enmarcan y definen su obra fotográfica -y su vida toda- entre finales de los años veinte, cuando hace sus primeras tomas, y finales de la década del cuarenta, cuando toma estas imágenes del puerto de la Guaira.

El primero de estos factores es sin duda alguna la dura dictadura

beginning of a new national project, with which Boulton, in a symbolic level, and his generation wanted to contribute to with their work.

The second element, essential to the country's life, would be the great richness that oil exploitation at large scale would bring from 1922. Nothing, not even the harsh structure of the dictatorship, could hold back the excessively fast growth in the Venezuelan population, of its cities and ports, fed by a growing and uninterrupted foreign immigration, and the massive exodus from the country to the cities. The country opened, wanted to grow and to be modern.

The third element, in the art field, is the wish of giving symbolic substance to the country that was born or was believed to be born then. It is a necessity, shared by many other Latin American countries, to give substance, to "shape" the country and provide it of an iconography capable of expressing its difference. In Venezuela the bases of that iconographic project which have its parallel in the books of Romulo Gallegos and Arturo Uslar Pietri—were two. They expressed the supposed purity of the American landscapes and the novelty of a racial and cultural mixture, the search for a typical beauty, expressed in the particular face of persons of mixed race, their folklore, their towns, and their landscape.

In 1948, when Boulton took these images of La Guaira and its port, he had already published his essay titled "Images of the Venezuelan West," which was the actual beginning of this iconographic nationwide project. He worked also in Los Llanos of Paez and the Margarita. With these sets he expected to cover three out of the four large geographical regions of the country.

Nevertheless, even though in those images we can discover some of the main features of his work, those of the port are not framed in the regular process of his production, but responded to a theme strange to him. From there, a part of its actual interest arises. If the pictures taken within his national iconographic project responded to the image he had of the country, of that country that he and is generation dreamed modern, and therefore, a projection to the future, those of La Guaira reflect a part of the actual country, a part of those problems systematically and significantly excluded by his more formal works. Everything in them unintentional, everything imposed to him by the circumstances when he faced a theme strange to him is what gave these images a truly relevant and real value for us.

rural de Juan Vicente Gómez entre 1909 y 1935. Si bien es cierto que Gómez acabó con las guerras que marcaron nuestro siglo XIX y los primeros años del XX, somete también el país a un régimen autoritario cuyo fin marcaría el inicio de un nuevo proyecto de nación, ese mismo al que Boulton y su generación pretenden contribuir, en el plano simbólico, con su obra. El segundo factor, de esencial significación para la vida del país, sería la inmensa riqueza que traería la explotación del petróleo a gran escala a partir de 1922. Nada, ni siquiera la rígida estructura de la dictadura, pudo contener entonces el crecimiento desmesuradamente rápido de la población venezolana, de sus ciudades y puertos, alimentados por una creciente e ininterrumpida inmigración extranjera, y del éxodo masivo del campo a las ciudades. El país se abre, quiere crecer, ser moderno.

El tercer factor, ya en el campo de las artes, es la voluntad de darle forma simbólica a ese país que nace o cree nacer entonces. La necesidad, compartida por muchos otros países latinoamericanos, de darle forma, de "figurar" al país y dotarlo de una iconografía capaz de expresar su diferencia. Las bases sobre las que se erigiría en Venezuela ese proyecto iconográfico—y que tiene su paralelo en la literatura de Rómulo Gallegos y de Arturo Uslar Pietri- serían dos: la supuesta pureza del paisaje americano, y la novedad racial y cultural del mestizo, esa promesa. La búsqueda de una belleza criolla, en fin, expresada en la fisonomía particular del mestizo, en sus tradiciones populares, sus pueblos, su paisaje.

Para 1948, cuando Boulton toma estas imágenes de La Guaira y su puerto, ya había publicado su ensayo titulado Imágenes del occidente venezolano, inicio real de ese proyecto iconográfico a escala nacional. Trabajaba también, entonces, en Los Llanos de Páez y La Margarita, conjuntos con los que esperaba cubrir tres de las cuatro grandes regiones geográficas del país. Sin embargo, y aún cuando en ellas podemos descubrir algunas de las características mayores de su trabajo, las del puerto no se inscriben en el proceso regular de su producción y responden mas bien a una temática que le es extraña. Pero es precisamente de allí que proviene parte de su interés actual. Pues si las fotografías tomadas dentro de su proyecto iconográfico nacional responden a la imagen que él se hacía del país, de ese país que él y su generación soñaron moderno, y que por eso mismo era una proyección a futuro, las de la Guaira reflejan parte del país real, parte de esos conflictos sistemática y sintomáticamente excluidos por sus obras más formales. Es pues todo lo que hay en ellas de involuntario, todo lo que las circunstancias le imponen cuando se enfrenta a un tema para él extraño, lo

Against the hedonic imaginary of his more formal landscapes, against the solid construction of his Andean churches and towns, these furtive apparitions—the ships in the port and their smoke columns, the wooden and zinc huts, the primitive altar of the forces—that rapidly blurred the still colonial structure of our cities arose. Before the sturdy bodies of idealized persons of mixed races, of that typical beauty he searched for in Los Andes, Los Llanos or Margarita, here he just took the deformed bodies, prematurely aged, of the prostitutes. All the misery, at last, hidden in his unintentional work.

The circumstances that led him to La Guaira port explain this significant difference. As a part of the different urban restructuring attempts tried then in Venezuela (for example, El Silencio), the national government decreed the evacuation and destruction of the squatter settlement Muchinga in La Guaira. When knowing the news, the writer Guillermo Meneses, a Boulton's friend, told him his wish of making a story about this squatter settlement and its inhabitants, and in particular about the brothel located in the former Spanish fort. That is why Boulton and his friend decided to go to the port to take pictures of this settlement that would disappear. His eyes were contaminated by the interest of the writer friend, by the brothel life, which would be the theme of the story, and by all that misery that soon would cease to exist. It is probable, for Boulton and his friend that such an act of urban hygiene was set in the process of national construction they dreamed about; it is also probable that they saw in those images only remains of what resisted the general movement of national progress.

The truth is that such misery that appeared in his works as an eventful circumstance, as unintentional contamination of an iconographic body that would be perfect, is actually a reality that floods the country and overflows it, reducing to simple utopian waste—modern ruins, as Luis Enrique Perez Oramas would say—all those images and works of the Venezuelan modernity that pretended to construct a new and strong country. We couldn't deny that they were noble and beautiful attempts. We couldn't deny that they didn't know how to look at the country as a whole either, that they were blinded before the origins of the misery and didn't know how to face it, precisely because they responded to two utopian imaginaries: the one of the supposedly virgin American landscape and the bright future that awaited for us. Between these two imaginary poles the misery continues its strong and blind life, taking up all the spaces

que carga a estas imágenes de un valor para nosotros actual y tremendamente pertinente.

Contra el imaginario edónico de sus paisajes más formales, contra la sólida construcción de sus iglesias y pueblos andinos, se erigen estas furtivas apariciones—los barcos del puerto y sus columnas de humo, los ranchos de madera y zinc, el altar primitivo—de las fuerzas que desdibujan rápidamente la estructura todavía colonial de nuestras ciudades. Ante los robustos cuerpos de mestizos y mestizas idealizados, de esa belleza criolla que buscaba en Los Andes, Los Llanos o La Margarita, aquí sólo capta el cuerpo deformado, prematuramente envejecido, de las prostitutas. Toda la miseria, en fin, que esconden sus obras voluntarias.

Esta diferencia significativa se explica por supuesto por las circunstancias que lo llevaron al puerto de la Guaira. Como parte de los diversos intentos de saneamiento urbano que se intentaron entonces en Venezuela (El Silencio, por ejemplo), el Gobierno Nacional decretó el desalojo y destrucción del barrio de Muchinga, en La Guaira. Al conocer la noticia, el escritor Guillermo Meneses, amigo de Alfredo Boulton, le comunica su deseo de hacer un cuento sobre este barrio y sus habitantes, y en particular sobre el prostíbulo que ocupaba entonces el antiguo fuerte español. Fue así como Boulton y su amigo decidieron bajar al puerto para fotografiar el barrio que habría de desaparecer. De allí, en parte, una cierta contaminación de su mirada por los intereses del amigo escritor, por la vida de aquél prostíbulo que sería el tema central de su cuento, y por toda aquella miseria que pronto dejaría de existir. Es probable que, para Boulton y su amigo, aquél acto de higiene urbana se inscribiera dentro del proceso de construcción nacional que soñaban, y que sólo vieran en aquellas imágenes residuos, restos de lo que aún resistía al movimiento general de progreso nacional.

Pero lo cierto es que esa miseria que en su obra aparece como azarosa circunstancia, como involuntaria contaminación de un cuerpo iconográfico que se quería perfecto, es hoy una realidad que inunda al país y lo desborda, reduciendo a simples residuos utópicos—ruinas modernas, como diría Luis Enrique Pérez Oramas—todas aquellas imágenes y obras de la modernidad venezolana que pretendieron construir un país nuevo y fuerte. Que fueron intentos nobles y a menudo hermosos, no podríamos negarlo, como tampoco podríamos negar que no supieron ver al país todo, que se cegaron ante los orígenes de la miseria y no supieron enfrentarla, precisamente porque respondieron a dos imaginarios utópicos; el de ese paisaje americano supuestamente virgen, y el futuro radioso que nos esperaba. Entre estos dos polos

left by the great modern projects, contaminating them and immersing them at last.

The relevance of these images or of their unintentional burden is great for us. If the intentional—formal—work of Boulton has left us not few beautiful examples of modern photography, the images that seemed to infiltrate in his lens, as water in concrete walls, offer us today—impose us—not a few challenges. Maybe the moment when, as Ortega and Gasset said, the countdown begins is close and that delightful idyllic character that Boulton's Andean landscapes had gives way to history "in the full meaning of the word" and, we can add, with all the painful sense of facts.

imaginarios seguía su vida de fuerza ciega la miseria, ocupando todos los intersticios dejados por los grandes proyectos modernos, contaminándolos y terminando al fin por sumergirlos.

La pertinencia de estas imágenes, o de su carga involuntaria, es pues para nosotros inmensa. Si la obra consciente—formal—de Alfredo Boulton, nos ha dejado no pocos hermosos ejemplos de la fotografía moderna, las imágenes que parecen haberse infiltrado en su lente, como el agua por las grietas del concreto armado, nos ofrecen hoy—nos imponen—no pocos retos. Quizás esté cerca hoy para nosotros ese momento en el que, como decía Ortega y Gasset, la cuenta se inicia, y ese "delicioso carácter bucólico" que tuvieron los paisajes andinos de Boulton, ceda el paso a la historia "en todo el rigor de la palabra" y, podríamos agregar, con todo el doloroso rigor de los hechos.

Alfredo Boulton 1908–1995, La Guaira Vieja 1946, Plata en Gelatina, Colección Alberto Vollmer Foundation Inc., Caracas, Venezuela

Alfredo Boulton 1908–1995, Casa Boulton La Guaira 1955 Plata en Gelatina, Colección Alberto Vollmer Foundation Inc., Caracas, Venezuela

Alfredo Boulton 1908–1995, La Guaira Vieja 1946, Plata en Gelatina,
Colección Alberto Vollmer Foundation Inc., Caracas, Venezuela

Alfredo Boulton 1908–1995, Muchinga 1946, Plata en Gelatina,
Colección Alberto Vollmer Foundation Inc., Caracas, Venezuela

Alfredo Boulton 1908–1995, Muchinga 1946, Plata en Gelatina,
Colección Alberto Vollmer Foundation Inc., Caracas, Venezuela

Alfredo Boulton 1908–1995, Muchinga 1946, Plata en Gelatina,
Colección Alberto Vollmer Foundation Inc., Caracas, Venezuela

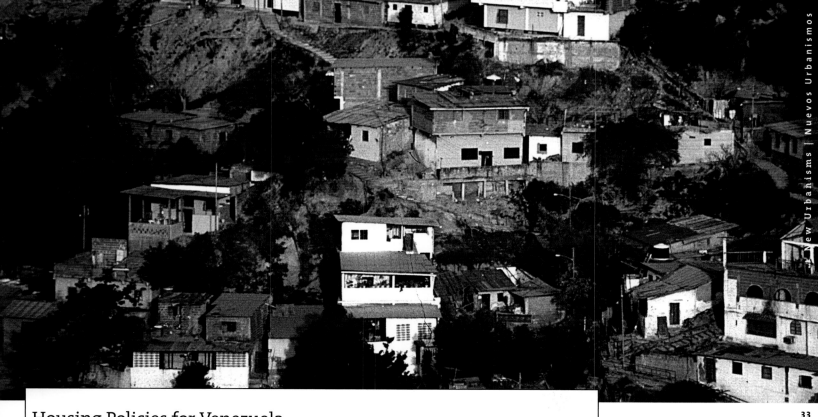

Housing Policies for Venezuela
La política de vivienda para Venezuela

FEDERICO VILLANUEVA BRANDT

Most former housing policies of the Venezuelan State attempted to address the housing shortage, particularly for the low-income population, but did not succeed. While just managing to address the needs of the medium-low income class, most of the urban population was obliged to build squatter housing in which today almost 13 million people live, more than half the total population of the country.

From March 1999 until January 2001 a housing policy adapted to the needs of the country was successfully carried out in Venezuela. The state organization in charge of this sector

Las antiguas políticas de vivienda del Estado venezolano intentaron superar el déficit habitacional y, particularmente, el relativo a la población de escasos recursos económicos, sin lograr su objetivo. Apenas llegaron a ocuparse de las capas medias inferiores en la estratificación de ingresos, mientras la mayoría de la población urbana se ha visto obligada a construir los barrios de ranchos (squatters) en los que hoy viven casi 13 millones de personas, poco más de la mitad de la población total del país.

Desde marzo de 1999 hasta enero de 2001 se ejecutó exitosamente en Venezuela, no sin las dificultades propias de los proce-

(CONAVI) established it, led at that time by the urban architect Josefina Baldo.

From 1989 Venezuela had one essential regulation to address the housing problem: a ruling that 5% of the ordinary budget of the State be invested in housing, and a reserve be created equal to 3% of salaries for the same purpose. Agreeing with a structural transformation to the policy, the new Housing Law made in CONAVI promulgated and ruled from the end of 1999 to mid 2000.

Among many advances, these funds were able to attend to the forgotten social sectors. Specifically, caring for more than 90% of the population that could not have have access to a house by their own means.

Thus, it established that the Fund of Public-Sector Contributions (FASP is the abbreviation in Spanish), nurtured by 5% of the budget, be for social solidarity and be targeted for non-reproductive programs and for direct subsidies to individual demands (up to $11,500.00 per family) inversely proportional to the familiar income. The Mutual Fund, owned by and with contributions of more than 2 million savers, is for the individual capitalization, basically through credits generating real positive passive interest. It also established six programs to develop the housing policy: care for the homeless; physical conversion of squatters areas; expansions, improvements and redesigning of houses and apartments existing in squatters and popular neighborhoods; physical renovation of popular and new neighborhoods and houses of progressive development; and new neighborhoods and complete houses.

It wasn't simply about making a new housing policy to rectify the traditional role of the State, caring for the new demand for adequate habitats for low-income citizens. It was, above all, a policy to pay the social debt to low-income persons, who, without major assistance from the State, built a substantive part of the Venezuelan cities and suffered from the inadequate conditions of development of the neighborhoods they live in.

The principle ruling of the housing policy was to serve the people. Its general objective was taking care of low-income families in their particular housing needs. "Housing" was defined as the built environment, which included both residential buildings and the neighborhood with its public areas, infrastructure services, and community equipment, and also the articulation of that neighborhood in the urban or rural structure where it was located.

sos sociales de transformación, una política de vivienda ajustada a las necesidades habitacionales del país, establecida por el organismo rector del Estado (CONAVI), para entonces dirigido por la arquitecto urbanista Josefina Baldó.

Desde 1989 Venezuela contaba con una de las condiciones esenciales para enfrentar exitosamente el problema de la vivienda: la disposición, por Ley, del 5 % del presupuesto ordinario del Estado para inversión en vivienda y la creación del ahorro obligatorio equivalente al 3 % de los sueldos y salarios para el mismo fin. En concordancia con la transformación estructural de la política, la nueva Ley de Vivienda elaborada en CONAVI, promulgada y reglamentada entre fines de 1999 y mediados de 2000, entre muchos otros avances direcciona estos fondos a la atención a los sectores sociales tradicionalmente preteridos. Concretamente, a más del 90 % de la población que hoy no puede acceder a la vivienda sólo por sus propios medios. Así, establece que el Fondo de Aportes del Sector Público (FASP nutrido por el 5 % del presupuesto) es de solidaridad social, para emplearse totalmente en programas no reproductivos y en subsidios directos a la demanda individual (hasta 11.500 dólares por familia) inversamente proporcionales al nivel de ingresos familiares, mientras que el Fondo Mutual (aporte y propiedad de más de 2 millones de ahorristas) es para la capitalización individual, básicamente mediante créditos que generen intereses pasivos reales positivos. Establece, también, seis programas para desarrollar la política habitacional: atención a los pobladores de la calle; habilitación física de zonas de barrios; ampliaciones, mejoras y remodelaciones de casas y apartamentos existentes en barrios y urbanizaciones populares; rehabilitación física de urbanizaciones populares; nuevas urbanizaciones y viviendas de desarrollo progresivo; y nuevas urbanizaciones y viviendas completas.

No se trató, simplemente, de formular una nueva política de vivienda para rectificar el tradicional papel del Estado, atendiendo ahora a la nueva demanda de un hábitat adecuado para los ciudadanos de menores ingresos. Se trató, sobre todo, de una política para saldar la deuda social con las personas de bajos ingresos que, en su mayoría y sin mayor asistencia por parte del Estado, construyeron una parte sustantiva de las ciudades venezolanas y padecen las deficientes condiciones de urbanización de los barrios donde residen.

El principio que orientó la política de vivienda era el de servir al pueblo. Su objetivo general era atender a las familias de bajos ingresos en sus particulares necesidades habitacionales.

In this way the housing policy was taken off the traditional-limited approach that measured its results just in the number of housing units produced in a year, privileging the structurally insufficient public promotion of new houses. This unilateral approach, on the one hand, ignores the contribution of the nongovernmental agents, such as the private promoters, nonprofit organizations and, above all, the low-income settlers building their habitat.

It is serious in a country where 75 years of housing public promotion directly produced only 700,000 units, and adding those of indirect promotion, up to a million. During the same period, settlers produced 2.4 million units in noncontrolled developments. On the other hand, the unilateral approach of figures of new units produced in a year does not take into account the unquestionable reality that the main housing problem both qualitative and quantitative is in the existing city and not in its growth. With a half of the country living in squatters with subnormal conditions of development and with the great decline of the houses in traditional areas of the city, or produced by public promotion, the core of housing care for low-income people was not the simple production of new units. Even in the housing care for the residence private unit, research carried out by CONAVI showed that the so-called accumulate housing shortage in Venezuela, calculated in 1,620,000 units, covered one million cases of individual needs of expanding, improving and restructuring existing units, before the effective need of just 620,000 new units.

These were enough reasons to substitute, as it was done in a right housing policy, the paradigm of new built units figure, for the most appropriate paradigm of housing care for families (and individuals), by making works of urban structuring, public spaces, infrastructure, and community equipment in areas of existing squatters, including the construction of new neighborhoods and houses, rehabilitation of traditional areas of the city and other popular neighborhoods, technical and financial assistance for individual expansions, improvements and restructuring of existing housing units, or construction of collective residences of a different kind for the homeless.

The national housing policy carried out between 1999 and 2000 by CONAVI acknowledged the facilitating role that a modern state should have in the housing area in order to obtain important success. The housing problem is so large, complex, and heterogeneous that it requires the participation of all Venezuelans

Se definió como "vivienda" al medio ambiente construido, que incluye tanto las edificaciones residenciales como la urbanización con sus áreas públicas, servicios de infraestructura y equipamientos comunales, así como la articulación de esa urbanización dentro de la estructura urbana o rural donde se localice.

De este modo se contribuye a deslastrar la política de vivienda del limitado enfoque tradicional que mide sus resultados sólo en número de unidades habitacionales producidas por año, privilegiando la estructuralmente insuficiente promoción pública de nuevas viviendas. Este enfoque unilateral, por una parte, ignora la contribución de los agentes no gubernamentales, como los promotores privados, las organizaciones sin fines de lucro y, sobre todo, los propios pobladores de bajos ingresos en la construcción de su hábitat. Cuestión grave en un país donde casi 75 años de promoción pública de viviendas ha producido directamente apenas 700.000 unidades y, sumando las de promoción indirecta, hasta un millón, mientras los pobladores han producido 2,4 millones de unidades en desarrollos no controlados durante el mismo período. Por otra parte, el enfoque unilateral de número de nuevas unidades producidas por año obvia la realidad indiscutible de que el principal problema habitacional, tanto cualitativa como cuantitativamente, está en la ciudad que existe y no en su crecimiento. Con la mitad de la población del país residiendo en barrios con condiciones subnormales de urbanización y con el fuerte deterioro de buena parte del parque habitacional en zonas tradicionales de ciudad o producido por promoción pública, el centro de la atención habitacional a los pobladores de escasos ingresos no es la simple producción de nuevas unidades. Aún en la atención habitacional a la unidad privada de residencia, los estudios realizados por CONAVI demostraron que el denominado déficit acumulado de viviendas en Venezuela, estimado en 1.620.000 unidades, comprende un millón de casos de necesidades individuales de ampliaciones, mejoras o remodelaciones de unidades existentes, frente a la efectiva necesidad de sólo 620.000 nuevas unidades.

Estas son suficientes razones para sustituir, como se hizo en una acertada política de vivienda, el paradigma de número de nuevas unidades construidas, por el más apropiado paradigma de atención habitacional a las familias (e individuos), en formas que van desde la dotación de obras de estructuración urbana, espacios públicos, infraestructuras y equipamientos comunales en zonas de barrios existentes hasta la construcción de nuevas urbanizaciones y viviendas, pasando por la rehabilitación de sectores tradicionales de ciudad y otras urbanizaciones populares, asistencia técnica y

to solve it. Consequently, public housing organs shall act as facilitators of the activity of other public organs indirectly related with the sector, of all private institutions and corporations, nongovernmental organizations, professional and academic sectors, and organized communities and families, capable of participating with their own interest and behaviors in the solution of the housing problem of the country. Regarding the formation of the public sector for participating in the housing care, housing programs must be and shall be decentralized to the maximum, transferring all sort of resources to state and municipal governments, and beyond, to organized communities.

This potential is acknowledged in the National Housing Policy set out by CONAVI in 1999 and in the Housing Law and its by-law, establishing specific participation channels. Specifically, organized popular communities, which traditionally play the leading role of the main trend in the production of the residential habitat of the country, are allowed to act, for the first time officially, as delegate administrators of the housing public executives. Having the needed technical and professional support appointed by themselves or by open public competition, organized popular communities can become account holders of the Republic, fully responsible for developing a contract key in hand to produce the development of an area of existing squatters, the physical rehabilitation of an existing popular neighborhood, or a new development of neighborhood and houses. The stimulus to the best participation of the different agents that could be moved for housing care was not limited to create general orientations and the legal and organizing frame, but was concreted in technical assistance, training, and executed work.

Besides the sustained support to organized popular communities, including the first forms of development of housing care by self-management of Indian Peoples, technical assistance was given to two groups of regional and municipal authorities, with their technical teams, to develop the new programs. The National Program of College Internships for the popular habitat started in 8 universities, among many other activities promoting the capacity of diverse housing agents.

In 15 months of effective use of resources CONAVI developed 106 projects to build or restructure shelters or collective housing to take care for 14,173 citizens: homeless children, old people, nature victims, and poor people in different cities of the country, with an investment of 25 million dollars. In the same period 163 million dollars were engaged for the execution of different phases

financiera a las ampliaciones, mejoras o remodelaciones individuales de unidades habitacionales existentes, o construcción de residencias colectivas de distinto tipo para pobladores de la calle.

La política nacional de vivienda desarrollada entre 1999 y 2000 por la dirección de CONAVI reconoció el papel facilitador que debe desempeñar un Estado moderno, en el campo habitacional, para obtener éxitos importantes. El problema de la vivienda presenta una dimensión, una complejidad y una heterogeneidad tales que requiere del concurso de todos los venezolanos para su solución. En consecuencia, los organismos públicos de vivienda deben actuar como facilitadores de la actividad de otros organismos públicos relacionados indirectamente con el sector, de todas las instituciones y empresas privadas, las organizaciones no gubernamentales, los sectores profesionales y académicos, así como las comunidades organizadas y las familias, capaces de concurrir con sus propios intereses y modos de actuar a la solución de los problemas de vivienda del país. En cuanto a la conformación del sector público para participar en la atención habitacional, los programas de vivienda pueden y deben descentralizarse al máximo, transfiriendo todo tipo de recursos a las gobernaciones y al poder municipal y, más allá, a las comunidades organizadas. Todo este potencial se reconoce en la Política Nacional de Vivienda planteada por CONAVI en 1999, así como en la nueva Ley de Vivienda y su reglamento, estableciéndose canales concretos de participación.
Específicamente, en el caso de las comunidades populares organizadas, tradicionales protagonistas de la corriente principal en la producción del hábitat residencial del país, les permiten actuar, por primera vez oficialmente, como administradores delegados de los ejecutores públicos de vivienda. Contando con el necesario apoyo técnico profesional, seleccionado por ellas mismas o por concurso público abierto, las comunidades populares organizadas pueden transformarse en cuentahabientes de la República, plenamente responsables de desarrollar un contrato llave en mano, para poducir la urbanización de una zona de barrios existentes, la rehabilitación física de una urbanización popular existente, o un nuevo desarrollo de urbanización y viviendas.

El estímulo a la mejor participación de los diversos agentes potencialmente movilizables para la atención habitacional no se limitó a crear las orientaciones generales y el marco legal y organizativo, sino que se concretó en asistencia técnica, capacitación y obra ejecutada.

Aparte del sostenido apoyo a las comunidades populares organizadas, incluyendo las primeras formas de desarrollo de atención

of projects of physical conversion (neighborhood) in 247 squatters of the country, where 376,772 families live. In all these cases forms of community self-management of the projects were started and, in some cases, were improved. In this program of conversion, there were made more open competitions of professional design projects than the accumulated in the history of the Republic, incorporating high-qualification projectors to the direct work in popular communities, in a deep transformation of the social meaning of disciplines like urban planning, urban design, architecture, and engineering.

Through improvements, expansions, and restructuring their existing individual houses, in those 15 months 6,665 families were taken care of, with an investment of 28 million dollars. An investment of 162 million dollars permitted taking housing care of 203,217 families, through the rehabilitation (conditioning of common areas, public spaces, infrastructure and other facilities) of popular neighborhoods and areas where they resided long ago. In some advanced cases the implementation of the community self-management of this program was started.

On the other hand, in the same period of 15 months, and mainly through national, regional, and municipal public executives, even though starting the first cases of community self-management, it attended to the needs of new households of 63,747 families with a monthly family income lower than 1,000 dollars, with an investment of 660 million dollars. For families with a higher income, up to 2,800 dollars/month, through the private sector, 25,500 mortgage credits were granted in 1999 and 2000, with 417 million dollars of the obligatory Mutual Fund of Housing Saving, which technically depends on CONAVI and financially depends on the Autonomous Service of Integrated Funds for Housing (SAFIV). This organ was created by the new Housing Law to optimize the management of funds of housing assistance with trust of investment and a system of agreements and trusts of management for projects, reducing to the minimum the bureaucratic operational expenses of the executives.

In short, in 20 months of management and 15 of fund disposition (1,038 million dollars in state contribution and 417 million dollars of parafiscal obligatory saving) different types of housing care was rendered (which in some cases supposed continuing paying it with new and bigger investments until fulfilling its objective), employing all kind of agents and resources available in the Venezuelan society, to 3,258,346 citizens (14% of the total population). Of them 87% received housing care in non-

habitacional por autogestión de los Pueblos Indígenas, se prestó asistencia técnica a dos cohortes de autoridades regionales y municipales, con sus cuadros técnicos, para desarrollar los nuevos programas, iniciándose también el Programa Nacional de Pasantías Universitarias para el Hábitat Popular con ocho universidades, entre muchas otras actividades potenciadoras de la capacidad de diversos agentes habitacionales.

En 15 meses de disposición efectiva de recursos por el CONAVI se desarrollaron 106 proyectos de construcción o remodelación de viviendas colectivas para atender a 14.173 ciudadanos, entre niños de la calle, ancianos, indigentes y damnificados, en distintas ciudades del país y con una inversión de 25 millones de dólares.

En el mismo lapso se comprometieron 163 millones de dólares para la ejecución de distintas fases de proyectos de habilitación física (urbanización) en 247 zonas de barrios del país, donde residen 376.772 familias. En todos estos casos se iniciaron, y en algunos se perfeccionaron formas de autogestión comunitaria de los proyectos, mientras que sólo en este programa de habilitación se realizaron más concursos abiertos de proyectos profesionales de diseño que los acumulados en la historia de la república, incorporando a proyectistas de alta calificación al trabajo directo con las comunidades populares, en una profunda transformación del significado social de disciplinas como la planificación urbana, el diseño urbano, la arquitectura y la ingeniería.

Mediante mejoras, ampliaciones y remodelaciones de sus viviendas individuales existentes se atendieron en aquellos 15 meses a 6.665 familias, con una inversión de 28 millones de dólares. Una inversión de 162 millones de dólares permitió prestar atención habitacional a 203.217 familias, mediante la rehabilitación (acondicionamiento de áreas comunes, espacios públicos, infraestructuras y otras dotaciones) de las urbanizaciones populares y zonas tradicionales donde hace años residen. En algunos casos avanzados comenzó a implementarse la autogestión comunitaria de este programa.

Por otra parte, en el mismo lapso de 15 meses y principalmente a través de los ejecutores públicos nacionales, regionales y municipales, aunque iniciándose los primeros casos de autogestión comunitaria, se atendió la necesidad de nuevas viviendas de 63.747 familias de ingresos familiares mensuales inferiores a 1.000 dólares, con una inversión de 660 millones de dólares. Para familias de ingresos superiores, hasta 2.800 dólares mensuales, a través del sector privado se otorgaron en 1999 y 2000, 25.500 créditos hipotecarios con 417 millones de dólares del Fondo Mutual de Ahorro Habitacional

conventional ways: collective residences for homeless, physical conversion of squatters, extensions and improvement of existing houses or rehabilitation of popular neighborhoods.

These nonconventional housing care programs were carried out for the first time at massive national level as social forms of "making houses" from 1999, while the State and Venezuelan society experience regarding massive production of new neighborhoods and popular houses comes from 1928. In the phase 1999–2000 of application of the new housing policy, 63% of the public investment in housing was still destined to new developments, and the public investment in expansions, improvements, and restructuring of existing houses just represented 4% before the investment in building new houses. Nevertheless, what the CONAVI leading team of 1999–2000 programmed in order to pay the social debt regarding housing, supposed reverting these proportions, destining 67% of the total investment to nonconventional forms of housing care, while the investments in extensions, improvements and restructuring existing houses equaled 44% of the public total investment and the housing saving, in all kind of new neighborhoods and houses.

During the brief period under charge of the housing policy of the country, other legal and technical advances took place. Among them, the draft-law for regularizing the tenancy of the land by the inhabitants of popular squatters and neighborhoods, the elaboration of sector and special plans for the better incorporation of squatters within urban structures and the building of computerized models of housing information for planning housing investments, the follow-up of the execution of programs and projects, the system to choose and record individual beneficiary and the management of large projects, as well as the production of a wide digitalized airphotogrametric information and satellite georeferenced images of areas of housing performance.

The conjunction of the resistance of old interests created within the housing sector, with the rising of new interests with limited and unilateral visions in this area, interrupted management until the beginning of 2001 at CONAVI. Nevertheless, without forgetting the weight of leading public management, the housing policy resumed herein existed in the work and actions of several entities before turning into State policy, and, once it strengthened, it continues the efforts of many popular communities mobilized towards their empowerment.

obligatorio, dependiente técnicamente del CONAVI y financieramente del Servicio Autónomo de Fondos Integrados de Vivienda (SAFIV). Organismo éste creado en la nueva Ley de Vivienda para optimizar la administración de fondos de asistencia habitacional con fideicomisos únicos de inversión y un sistema de convenios y fideicomisos de administración por proyectos, reduciendo al mínimo los burocráticos gastos operativos de los ejecutores.

En resumen, en 20 meses de gestión y 15 de disposición de fondos (1.038 millones de dólares de aporte del Estado y 417 millones de dólares del ahorro obligatorio parafiscal) se prestó atención habitacional de distinto tipo (que en algunos casos suponía continuar prestándola con nuevas y mayores inversiones hasta completar su objetivo), empleando todo tipo de agentes y recursos disponibles en la sociedad venezolana, a 3.258.346 ciudadanos (14 % de la población total). De ellos, el 87 % recibieron atención habitacional en formas no convencionales: residencias colectivas para pobladores de la calle, habilitación física de barrios, ampliaciones y mejoras de viviendas existentes o rehabilitación de urbanizaciones populares.

Estos programas de atención habitacional no convencional comenzaron a construirse por primera vez en escala masiva nacional como formas sociales de "hacer vivienda" a partir de 1999, mientras que la experiencia del Estado y la sociedad venezolana en materia de producción masiva de nuevas urbanizaciones y viviendas populares data de 1928. De allí que en la etapa 1999-2000 de aplicación de la nueva política de vivienda todavía se destinó el 63 % de la inversión pública en vivienda a nuevos desarrollos y que la inversión pública en ampliaciones, mejoras y remodelaciones de viviendas existentes sólo representase el 4 % frente a lo invertido en construir nuevas viviendas. Sin embargo, lo programado por el equipo que dirigió el CONAVI en 1999-2000 para saldar en 20 años la deuda social en materia de vivienda, suponía revertir estas proporciones, destinando el 67 % de la inversión total a formas no convencionales de atención habitacional, mientras que las inversiones en ampliaciones, mejoras y remodelaciones individuales de viviendas existentes equivalían al 44 % de la inversión total, pública y del ahorro habitacional, en todo tipo de nuevas urbanizaciones y viviendas.

También, en el breve período de gestión al frente de la política de vivienda del país, se produjeron otros avances legales y técnicos. Entre ellos, el proyecto de ley para la regularización de la tenencia de la tierra por los habitantes de los barrios y urbanizaciones populares, la elaboración de planes sectoriales y especiales para la mejor incorporación de zonas de barrios dentro de las estructuras urbanas y la construcción de modelos computarizados de informa-

At the HABITAT II world summit some of those supporting the new housing policy were in charge of presenting the best Venezuelan practices regarding human settlements and selecting among the 100 best in the world in the last 20 years. They summarized two main policy aspects: promoting the self-management of popular communities and making available the most qualified and state-of-the-art technical and professional resources of the society for serving those communities. In these we believed, and we acted accordingly.

Regarding the natural phenomena that occurred in the center-north of Venezuela in 1999, in CONAVI a commission of high-level experts was formed, with great participation, which produced the first complete briefs for governmental authorities, international organizations, and the public in general and specialized. Moreover, detailed and basic technical studies, such as satellite images of the coast lines, satellite and airphotographic survey and cartography, photogeologist risk analysis in both slopes of the mountainous country of El Avila, basic hydrographic studies, housing impact and quantification of other material loses, among others. It recommended the creation of the Only Authority for the first phase of institutional action, and it was offered constant technical assistance for its action. One small part of that job was the support provided to the teams from Columbia University so that they could developed the work presented in this publication.

ción habitacional para la planificación de inversiones en vivienda, el seguimiento de la ejecución de programas y proyectos, el sistema de elegibilidad y registro de beneficiarios individuales y la administración de grandes proyectos, así como la producción de una amplia información aerofotogramétrica digitalizada e imágenes satelitales georeferenciadas de zonas de actuación habitacional.

La conjunción de la resistencia de viejos intereses creados dentro del sector vivienda con el surgimiento de nuevos intereses con visiones limitadas y unilaterales en el campo habitacional, determinaron la interrupción de la gestión que se adelantaba hasta inicios de 2001 en CONAVI. No obstante, y sin obviar el peso que otorga dirigir la gestión pública, la política de vivienda aquí resumida existió en la obra y actuaciones de muchos antes de convertirse en Política de Estado y, una vez fortalecida, continúa con los esfuerzos de muchas comunidades populares movilizadas hacia su empoderamiento.

En la cumbre mundial de HABITAT II, cuando a algunos de los que impulsaban la nueva política de vivienda les correspondió presentar la mejor práctica venezolana en materia de asentamientos humanos, seleccionada entre las 100 mejores de mundo en los 20 años anteriores, se resumió esa política en dos aspectos fundamentales: promover la autogestión de las comunidades populares y colocar los más avanzados y calificados recursos técnicos y profesionales disponibles por la sociedad al servicio de esas comunidades. En eso creemos y así actuamos.

Frente a los fenómenos naturales ocurridos en el centro-norte de Venezuela a fines de 1999, en el CONAVI se constituyó una comisión de expertos de alto nivel, con amplia participación, que produjo los primeros informes completos para las autoridades gubernamentales, los organismos internacionales y el público, en general y especializado. Asimismo, se financiaron y produjeron estudios técnicos básicos y detallados, como los de imágenes satelitales, batimetría y línea de costas, relevamiento y cartografía satelital y aerofotográfica, análisis fotogeológico de riesgos en ambas vertientes de la serranía del Avila, estudios de hidrografía básica, impacto habitacional y cuantificación de otras pérdidas materiales, entre otros. Se recomendó ante las instancias competentes la creación de la Autoridad Unica para la primera fase de acción institucional y se ofreció constante asistencia técnica para su actuación. Una pequeña parte de esa labor fue el apoyo a los equipos que en la Universidad de Columbia desarrollaron el excelente trabajo que se presenta en esta publicación.

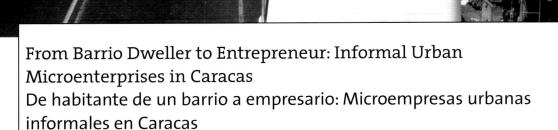

40

From Barrio Dweller to Entrepreneur: Informal Urban Microenterprises in Caracas
De habitante de un barrio a empresario: Microempresas urbanas informales en Caracas

PATRICIA MARQUEZ, HENRY GOMEZ-SAMPER

In 1980 I got a job as a seamstress at a small garment firm owned by an Italian family. Working with them I learned something about saving and running a business. When the owner died in 1989, I left the company and began selling their garments at a stall at the Hoyada market. It was not a good spot and sales were few. I had no choice but to *guapear* under a nearby overpass where people play chess. At that point my troubles began. It is hard to run a business while looking out for police. Once I was at a street corner near Plaza El Venezolano, became distracted and saw a policeman's foot on my blanket. I spent three days in jail.

En 1980, obtuve un empleo como costurera en una pequeña fábrica de ropa propiedad de una familia italiana. Trabajando con ellos, aprendí un poco sobre el ahorro y sobre el manejo de un negocio. Cuando murió el dueño en 1989, dejé la compañía y empecé a vender sus prendas en un puesto en el mercado de la Hoyada; pero el punto no era bueno y las ventas, pocas. No me quedó otra que guapear bajo un elevado cercano donde la gente juega ajedrez. En ese punto, empezaron mis problemas; es duro manejar un negocio mientras se está pendiente de la policía. Una vez, estaba en una esquina cerca de la plaza El Venezolano, me distraje, y lo siguiente que vi fue el pie de un policía sobre mi sábana. Pasé tres días en la cárcel.

After leaving jail, Nito, a community worker, asked me if I wanted to apply for a loan to develop my business. I was interviewed and had to take a short course, but I got a loan and paid on time. Subsequently I received two more loans. I did well, but was getting tired of working as a street hawker and running a market stall. I applied for a larger loan at the Mendoza Foundation to open a *quincalla* in my barrio. With money I saved and help from my son, we bought the house where I operated the quincalla. Then, I learned that the telephone company was looking for barrio shopkeepers where public telephones could be installed. Supposedly, the company would remodel my shop and I would receive 36% of the earnings. As it seemed like a good business, I asked my son to let me use additional space in our jointly owned house. It did not go well for the first two years because I did not get paid by the phone company. Fortunately, one day Nito appeared with a reporter from the popular television program *Así es la Noticia* and I told them what had happened. Two days later the phone company came knocking on my door and fixed up the place. I then started to make good money (Isaura, 51 years old).

Venezuela's informal economy encompasses 56% of the labor force as many as five million workers. Yet little is known about Venezuela's urban informal microenterprises: How do people become microentrepreneurs? Why do some succeed and grow, while many remain stagnant? What is the impact of such large numbers of informal workers on Venezuela's social fabric and urban landscape?

With increasing poverty and rates of unemployment that reached a peak of 19% in 2000 (Francés, 2000), barrio dwellers in Caracas are becoming self-employed. Many develop novel business opportunities. Others move beyond self-employment to build a business even as economic conditions change. Although Isaura attained success, her difficulties in developing a business mirror a common path for the large share of the population mired in poverty and striving to make a living. Hence the question: when a barrio dweller starts a business, what makes the difference between sheer subsistence and the promise of growing a going concern?

This paper examines a series of cultural, social, economic, and institutional barriers that informal microentrepreneurs in the Caracas metropolitan area appear to encounter in launching and operating their business. These barriers stem from poor or

Cuando salí de la cárcel, Nito, un trabajador social, me preguntó si quería aplicar para un préstamo para mi negocio. Me entrevistaron y tuve que tomar un curso corto, pero obtuve el préstamo, y lo pagué a tiempo. Posteriormente, recibí tres préstamos más. Me fue bien, pero me estaba cansando de trabajar como vendedora ambulante y de tener un puesto en el mercado. Apliqué para un préstamo mayor en la Fundación Mendoza para abrir una quincalla en mi barrio; con el dinero que ahorré y la ayuda de mi hijo, compramos la casa donde tenemos la quincalla. Luego, supe que la compañía telefónica estaba buscando tiendas en los barrios, en las cuales se pudieran instalar teléfonos públicos. Supuestamente, la compañía remodelaría mi tienda y yo recibiría 36% de las ganancias. Como parecía un buen negocio, le pedí a mi hijo que me dejara usar espacio adicional en la casa cuya propiedad compartíamos. No nos fue bien durante los dos primeros años, ya que la compañía telefónica no me pagó. Afortunadamente, un día, Nito apareció con un periodista del popular programa de televisión "Así es la Noticia", y les conté lo que había pasado. Dos días después, la compañía telefónica me tocó la puerta y arregló el local; luego, empecé a hacer buen dinero. (Isaura, 51 años)

La economía informal venezolana comprende 56% de la fuerza laboral, tanto como cinco millones de trabajadores. Sin embargo, se sabe poco de las microempresas informales urbanas de Venezuela: ¿Cómo se convierten las personas en microempresarios? ¿Por qué algunos tienen éxito, mientras que otros permanecen estancados? ¿Cuál es el impacto de una cifra tan grande de trabajadores informales en la estructura básica y en el ambiente urbano venezolano?

Con una pobreza creciente y unas tasas de desempleo que alcanzan un pico de 19% en el 2000 (Francés 2000), los habitantes de los barrios de Caracas se auto emplean. Muchos desarrollan noveles oportunidades de negocios. Otros se mueven más allá del auto empleo para comenzar un negocio, aun cuando cambian las condiciones económicas. Aun cuando Isaura tuvo éxito, sus dificultades para empezar un negocio reflejan la suerte común de una gran parte de la población que vive en la pobreza y que lucha para ganarse el sustento. De allí la interrogante: Cuando un habitante de un barrio empieza un negocio ¿qué hace la diferencia entre la simple subsistencia y la promesa del crecimiento de un negocio en marcha?

El presente trabajo examina una serie de barreras culturales, sociales, económicas e institucionales que aparentemente encuentran los microempresarios informales en el área metropolitana de Caracas para comenzar y manejar sus negocios. Tales barreras varían desde servicios urbanos pobres o inexistentes (agua, drena-

nonexistent urban services (water, sewage, police), excessive regulation, and lack of access to institutional support mechanisms that underpin a modern economy (legal and judicial means to enforce contracts, access to a banking system, health and education services). To overcome these barriers, barrio entrepreneurs invest large amounts of energy, time, and resources. What strategies must barrio entrepreneurs deploy in order to overcome the challenges posed by their marginal environment? Given such limitations, can microenterprises serve as a vehicle for social mobility and economic growth?

In order to obtain answers to these questions, the authors interviewed managers and loan officers of the Banco de la Gente Emprendedora (Bangente), a bank set up by local foundations with support from international agencies to offer financial support to microentrepreneurs. Additionally, 20 entrepreneurs were visited in their place of business. These firms span trade, crafts, garment making, food processing and a variety of services, all operating in the informal economy that is common to barrio communities.

We employ the following categories of barriers that limit the extent to which microenterprises can move from generating subsistence income towards becoming a small business: cultural myths and realities, socioeconomic issues, and institutional limitations. First, we describe the types of microenterprises included in the study.

Beyond street peddling

People often perceive that the urban informal economy is made up of hawkers selling goods on the street and backed-up expressways, much as Isaura operated at the start. However, legally unregistered activities go well beyond trade. Microenterprises repair motor vehicles, operate fast food stalls, provide most ground-level urban transport, and manufacture a wide range of goods. Some perform key marketing functions for multinationals and other large firms.

Bangente's loan portfolio includes only small businesses, chiefly informal barrio-based firms. About 65% of Bangente loans are made to firms in trade and the rest is split evenly between light manufacture and services. The latter include, among many others, day care centers and preschool education, public transport, hairdressing, x-ray and dental services, and copy centers.

Estimates of microenterprise business volume are not available. Most Bangente loans are made in amounts under 3 million boli-

je, policía), excesiva regulación, y carencia de acceso a mecanismos de apoyo institucional que apuntalan una economía moderna (medios legales y judiciales para hacer valer contratos, acceso al sistema bancario, a servicios de salud y educación). Para superar estas barreras, los empresarios de los barrios invierten grandes cantidades de energía, tiempo y recursos. ¿Qué estrategias deben usar los empresarios de los barrios para superar los retos que supone su ambiente marginal? Dadas tales limitaciones, ¿pueden los microempresas servir como vehículo para la movilidad social y el crecimiento económico?

Con el fin de obtener respuestas a estas preguntas, los autores entrevistaron gerentes y funcionarios de crédito del Banco de la Gente Emprendedora (Bangente), banco creado por fundaciones locales con el apoyo de agencias internacionales para ofrecer ayuda financiera a los microempresarios. Además, visitaron 20 microempresarios en los lugares de trabajo. Estos negocios varían desde comercio, manualidades, manufactura de prendas de vestir, procesamiento de alimentos y una variedad de servicios, todos operando en la economía informal común de las comunidades de los barrios.

Empleamos las siguientes categorías de barreras que limitan el alcance en el que se mueven las microempresas: desde la generación de un ingreso para la subsistencia hasta convertirse en un pequeño negocio: mitos y realidades culturales, asuntos socioeconómicos y limitaciones institucionales. Primero, describimos las clases de microempresas incluidas en el estudio.

Más allá de vendedor ambulante

Con frecuencia, la gente percibe que la economía informal urbana está compuesta por vendedores ambulantes que venden bienes en la calle y en las colas de las autopistas, como hacía Isaura al principio. Sin embargo, las actividades no registradas legalmente van más allá del comercio. Las microempresas reparan vehículos automotores, operan puestos de comida rápida, proveen la mayor parte del transporte urbano, y manufacturan una amplia gama de bienes. Algunas realizan funciones de mercadeo clave para firmas multinacionales y grandes compañías.

El portafolio de créditos de Bangente incluye sólo pequeños negocios, principalmente negocios informales con base en un barrio. Cerca de 65% de los créditos de Bangente se otorgan a comercios y el resto se divide por igual entre manufactura liviana y servicios, los cuales incluyen, entre muchos otros, centros de cuidado diario y de educación preescolar, transporte público, peluquerías, servicios odontológicos y de rayos x, y centros de copiado.

vars but 10% of loans range from 5 to 25 million bolivars. Loan officers estimate that firms benefiting from loans sell an average of 3 million bolivars per month. Bangenteís total portfolio suffices, but the credit volume of barrio loan shark business (who charge 10–20% per month interest) may reach billions of bolivars (Gómez and Llovera, 1999).

Culture: Myth or reality

Culture remains a controversial issue in economic development (Harrison and Huntington, 2000); yet there is little doubt that cultural stereotypes and dynamics weigh heavily on the prospects for success among Venezuelan microenterprises. Indeed, the selected categories of culture, socioeconomic realities, and institutional limitations employed to classify barriers to microbusiness growth are arbitrary and not mutually exclusive. We begin with cultural stereotypes.

"Venezuelans are lazy"

Studies of Venezuelan culture often portray Venezuelan attitudes and values as being contrary to innovation and achievement motivation (Rial, 1997; Fairbanks and Lindsay, 1997; McClelland, 1976). A recent study of poverty by Universidad Católica Andrés Bello (UCAB), supports the notion that Venezuelans are lazy and not highly motivated (Penfold, 2000). Although it is beyond the scope of this paper to discuss these works, they tend to support long-standing cultural stereotypes, such as laziness, ignoring the personal effort and creative spirit often needed to survive and get ahead in barrio communities. How can it be said that a barrio dweller that leaves home at 5 a.m. to get to work or hawk goods, returning at 8 p.m., is lazy or lacks motivation? The energy and spark invested in generating self-employment point to a complex drama involving barriers to business growth rather than simple cultural stereotypes. Significantly, however, such stereotypes stigmatize barrio entrepreneurs and contribute to their exclusion from business and professional networks that include access to markets, commercial and bank credit, suppliers, and consulting services.

"Venezuelans are bad payers"

Another persistent cultural stereotype applied to barrio dwellers is that Venezuelans are "bad payers" (mala paga). For decades, people have grown accustomed to government subsidies and political party favors from an oil-rich state, such as free housing and cheap fuel. Water service is seldom paid and barrio dwellers often wire their homes to the nearest lamp-post in order to save on electricity. Like much of Venezuela's population, people in the

No se dispone de estimados de volumen de negocios de microempresas. La mayoría de los créditos de Bangente es menor de tres millones de Bolívares, pero 10% de los créditos varían desde 5 hasta 25 millones de Bolívares. Los funcionarios de crédito estiman que los negocios que se benefician de los créditos venden un promedio de 3 millones de Bolívares mensuales. El portafolio total de Bangentes alcanza 0, pero el volumen de créditos de los prestamistas de los barrios (los cuales cobran entre 10 y 20 por ciento de interés) pueden alcanzar miles de millones de Bolívares (Gómez y Lovera, 1999).

Cultura: mito o realidad

La cultura sigue siendo un asunto controversial en el desarrollo económico (Harrison y Huntington, 2000); sin embargo, no hay duda de que los estereotipos y la dinámica cultural tienen un gran peso en los prospectos de éxito entre las microempresas venezolanas. En efecto, las categorías de realidades socioeconómicas y culturales y limitaciones institucionales seleccionadas y utilizadas para clasificar las barreras que impiden el crecimiento de las microempresas son arbitrarias y no se excluyen mutuamente. Comenzaremos con los estereotipos culturales.

"Los venezolanos son flojos"

Estudios sobre la cultura venezolana usualmente retratan las actitudes y valores del venezolano como contrarias a la innovación y hacia la motivación para el logro. (Rial, 1997; Fairbanks y Lindsay, 1997; McClelland, 1976). Un estudio reciente de la pobreza llevado a cabo por la Universidad Católica Andrés Bello (UCAB) apoya la noción de que los venezolanos son flojos y no muy motivados (Penfold, 2000). Aunque discutir sobre este estudio se escapa del alcance de este trabajo, dicho estudio tiende a apoyar viejos estereotipos culturales, tales como la flojera, ignorar el esfuerzo personal y el espíritu creativo que con frecuencia se requiere para sobrevivir y salir adelante en los barrios. ¿Cómo se puede afirmar que es flojo o que carece de motivación un habitante de un barrio que sale de casa a las 5 a.m. para ir a trabajar o vender bienes, y regresa a las 8 p.m.? La energía y la chispa que se invierte en generar un auto empleo apuntan a un complejo drama que involucra las barreras para el crecimiento comercial, más que a simples estereotipos culturales. Significativamente, sin embargo, tales estereotipos estigmatizan a los empresarios de los barrios y contribuyen a su exclusión del comercio y de redes profesionales que incluyen el acceso a mercados, créditos comerciales y bancarios, proveedores y servicios de consulta.

Los venezolanos son mala paga

Otro estereotipo cultural persistente aplicado a los habitantes de

barrios are not used to paying taxes. Yet to summarize a history of government paternalism, populism and corruption by stigmatizing the poor as "bad at paying" is to ignore experience that shows that, given the right incentives, people are willing to pay. Bangente's rate of uncollected loans is lower than that of commercial banks (Uslar and Llovera, 2001), thus indicating that people pay when rules are clear, service is good, and loans are supervised. The argument that Venezuelans are intrinsically "bad at paying" fails to take into account a society riddled with bureaucratic weaknesses and is frequently used as a cover for not providing good services and business opportunities for the poor.

We are Family

Stereotypes notwithstanding, culture matters. By influencing the prospects for success among barrio entrepreneurs, cultural insights help understand the dynamics of microenterprises. Bangente loan officers consider that cultural values and attitudes represent a barrier for business development. They perceive that barrio business owners draw a fine line between obligations to their firm and to their family; when family becomes a priority over business, serious consequences may ensue.

Alejandro Moreno (2000) draws on a decade of barrio fieldwork to describe the profound cultural impact of interpersonal and family relations in barrio communities. He argues that the social fabric of the barrios is permeated by a kind of "relational ethics", whereby a barrio dwellers' identity is defined as a *convive* (literally, "live-with," but perhaps better understood as "buddy" when applied to members of an extended family, including compadres, i.e., links between parents and godparents).

Strong bonds and loyalties that draw on the convive spirit can both constrain and empower microentrepreneurs. Social networks and family dynamics have proven to be a competitive advantage, for instance, for Mirna, who is a 38-year-old mother of four who has built a network of barrio sellers (Gómez and Márquez, 2000:11). She knows of many barrio women who need extra income but cannot work full time or spend much time away from home. By copying the door-to-door sales plan of a multinational she once worked for, she has built a sales force for sets of lingerie that she imports from neighboring Colombia. Mirna disguises the ownership of her business and poses as an agent for a large firm, for she is aware that social mores might force a salesperson to forego payments in the event of a family emergency. Hence she hires a woman in another district to type her letters of presentation and sales contracts, using a fictitious

los barrios es que los venezolanos son mala paga. Durante décadas, la gente se ha acostumbrado a los subsidios del gobierno y favores de los partidos políticos de un Estado rico debido al petróleo, tales como viviendas sin costo alguno y gasolina barata. El servicio de agua se paga raras veces y los habitantes de los barrios conectan sus casas del poste de luz más cercano con el fin de ahorrar electricidad. Como muchos otros venezolanos, la gente de los barrios no está acostumbrada a pagar impuestos. No obstante y para resumir una historia de paternalismo estatal, populismo y corrupción, el estigmatizar a los pobres como "mala paga" es ignorar la experiencia que demuestra que, dados los incentivos adecuados, la gente quiere pagar. La tasa de créditos no pagados de Bangente es menor que la de los bancos comerciales (Uslar y Llovera, 2001), lo que indica que la gente paga cuando las reglas son claras, el servicio, bueno, y los créditos, supervisados. El argumento de que los venezolanos son intrínsecamente "mala paga" no toma en cuenta una sociedad plagada de debilidades burocráticas, y se usa con frecuencia como fachada para no prestar buenos servicios y no dar oportunidades comerciales a los pobres.

Somos familia

A pesar de los estereotipos, la cultura importa. Al influenciar los prospectos de éxito entre los empresarios de los barrios, la percepción cultural ayuda a comprender la dinámica de las microempresas. Los funcionarios de créditos de Bangente consideran que los valores y actitudes culturales representan una barrera para el desarrollo comercial. Perciben que los propietarios de negocios en los barrios trazan una línea muy fina entre las obligaciones hacia su negocio y hacia su familia; cuando la familia tiene una prioridad mayor que el negocio, pueden surgir graves consecuencias.

Alejandro Moreno (2000) realizó durante una década trabajo de campo en un barrio para describir el impacto cultural profundo de las relaciones interpersonales y familiares en las comunidades de los barrios. Argumenta que un tipo de "ética de relaciones" impregna la estructura social de los barrios, por medio de dicha ética, la identidad de un habitante del barrio se define como "convive" (mejor entendido como "pana", cuando se refiere a miembros más alejados de la familia, incluyendo los compadres, por ejemplo.)

Los fuertes lazos y lealtades impuestas al espíritu del convive pueden tanto constreñir como fortalecer las microempresas. Las redes sociales y la dinámica familiar han demostrado ser una ventaja competitiva, por ejemplo, para Mirna, quien tiene 38 años de edad y cuatro hijos y ha desarrollado una red de vendedores en el barrio (Gómez y Márquez, 2000:11). Ella sabe de muchas mujeres

company letterhead. Otherwise, her relationship with many of the saleswomen could endanger enforcement of her business rules.

Given the inadequacy of basic services for the poor, such as health care and education, and the absence of unemployment insurance and emergency assistance programs, barrio dwellers often seek help from their extended family's chief income earner, who is often an informal businessperson. Even if he or she is conscious that the success of the firm hinges on separating business from family, situations occur where this proves impossible.

Socioeconomic Issues

The poverty circleMore than one-half of Venezuelaís population reside in barrios (CONAVI 1999:1). The relative social and geographical isolation of barrio dwellers from adequate public services and ongoing interaction with successful individuals who are business managers or professionals that participate in a modern economy generates a kind of segregation. This segregation places the barrio entrepreneur at a disadvantage when starting or nurturing a business, including access to bank and commercial credit, new technologies, and business services that suppliers of processed materials and office products commonly offer to their customers.

Banks in Venezuela traditionally lend only to clients owning assets that are pledged as collateral, or to directors and others linked to or known by the institution. Bangente, which dates only from 1998, offers pooled credit to four or five microbusinesses that show a record of successful operations and guarantee each other's loan. A small number of private foundations and public agencies also lend to established microentrpreneurs. But legislation enacted in 2001 will make it possible for the financial system to broaden its microfinance portfolio. To obtain working capital, microentrepreneurs have little choice but to turn to family savings or borrow funds from relatives or the aforementioned loan sharks.

Additionally, in Venezuela the gap between rich and poor is widening. The poorest 5% of families receive less than 0.5% of the gross national income, whereas the richest 5% receive more than 27% (Baptista, 2000). The urban population in a state of poverty has grown annually by more than 9% over the past decade (Debates IESA, 4[1]:16). In light of this deterioration and the aforementioned segregation from a modern economy, how can barrio microenterprises make the leap forward to become a

del barrio quienes necesitan de un ingreso extra, pero no pueden trabajar tiempo completo o no pueden pasar mucho tiempo fuera de casa. Al copiarse de las ventas de puerta en puerta de una multinacional para la que una vez trabajó, ella ha construido una fuerza de ventas para conjuntos de prendas íntimas que importa de la vecina Colombia. Mirna disfraza la propiedad de su negocio y se hace pasar por un agente de una firma grande, ya que está consciente de que las costumbres sociales pueden forzar a un vendedor a adelantar pagos en el caso de una emergencia familiar. Por ello, contrata a una mujer en otro distrito para que mecanografía sus cartas de presentación y sus contratos de venta, y usa una papelería de una compañía ficticia. De otra forma, su relación con muchas de las vendedoras puede poner en peligro la aplicación de las reglas de su negocio.

Dado lo inadecuado de los servicios básicos para los pobres, tales como atención médica y educación, y la ausencia de seguro de paro y programas de asistencia de emergencias, los habitantes de los barrios usualmente buscan ayuda de quien tenga mejor ingreso de los miembros de su familia en sentido amplio, quien habitualmente es un comerciante informal. Aun si están conscientes de que el éxito de su negocio depende de separarlo de la familia, existen situaciones en que ello es imposible.

Asuntos socioeconómicos: el círculo de pobreza

Más de la mitad de la población de Venezuela reside en barrios (CONAVI 1999:1). El relativo aislamiento social y geográfico de quienes viven en los barrios de los servicios públicos adecuados y de una interacción fluida con individuos exitosos, quienes son gerentes comerciales o profesionales que participan en la vida moderna genera un tipo de segregación. Esta pone al empresario de los barrios en desventaja cuando comienzan o impulsan un negocio, incluyendo el acceso a créditos comerciales y bancarios, nuevas tecnologías, y servicios comerciales que los proveedores de materiales procesados y productos de oficina ofrecen comúnmente a sus clientes.

Los bancos en Venezuela, tradicionalmente, sólo le prestan a clientes que tienen bienes que comprometen como colaterales, o a directores u otros conocidos o relacionados con la institución. Bangente, establecido solamente desde 1998, ofrece créditos conjuntos a cuatro o cinco microempresas que presenten un registro de operaciones exitosas y garanticen el préstamo entre todas. Un pequeño número de fundaciones privadas y agencias públicas también otorgan créditos a microempresarios establecidos. No obstante, la legislación promulgada en 2001 hará posible que el sistema financiero amplíe su portafolio microfinanciero. Para

going concern? How viable can it be for a woman who tailors clothes for barrio customers to set up business in a shopping mall? Beyond such idle speculation, barrio businesspersons must contend with the repercussions of urban violence and a poor schooling.

Crime and Violence

Personal crime is widespread in Venezuelan urban areas but is particularly acute in barrio communities. Caracas, the capital city, leads all Hemisphere cities by far in the number of reported daily homicides (Briceño León). The following description of a typical barrio bodega, a kind of pub, shows the impact of violence on community business (adapted from Gómez and Llovera, 1998: 10):

There was a time when the barrio bodega served as a community meeting place. The bodeguero sold a limited number of goods, mainly food staples, candles, cigarettes, soft drinks, beer, and rum. Customers would lean on the counter while the storekeeper took his time to find the goods requested, wrap them in a sheet of paper if they were to be consumed elsewhere, and jot in a notebook the amount to be charged to the customer. Today customers pay cash in advance and have no access either to the bodega or the counter: they form a single line and request the goods through a hole in the door that measures about nine inches square.

Navarro (1999) shows that crime and violence generate a clearly defined economic cost. Large and medium-sized businesses in Caracas employ private security forces, but this option would prove too costly for barrio firms. Violence is a constant danger for a microbusiness located in a barrio. For example, Carlos' shop in Petare's Plaza El Carmen sells personal hygiene and household cleaning products and is located across the street from a church; yet gang shootings that occur in daytime often require that he close the store. A woman who sewed clothes at home by assembling pieces sewed by other barrio seamstresses, was frequently burglarized and had to invest most of her savings to move her business elsewhere. Upon returning home, a kiosk operator must hire a taxi for a short distance from the Metro station in order to avoid getting mugged for the day's cash. Except for major incidents that require a show of force, barrios are seldom patrolled and in some, the police fear to enter.

Nonetheless, some barrio businesses capitalize on crime. Carlos, mentioned earlier, added video rentals to his shop selling per-

obtener capital de trabajo, los microempresarios no tienen más opción que recurrir a los ahorros familiares o pedir fondos a los familiares o los prestamistas antes mencionados.

Adicionalmente, en Venezuela, se está haciendo más marcada la diferencia entre ricos y pobres. El 5% de familias más pobres recibe menos de 0,5 % del ingreso bruto nacional, en tanto que el 5% más rico recibe más de 27% (Baptista, 2000). La población urbana en estado de pobreza ha crecido anualmente en más de 9% sobre la década pasada (Debates del IESA, 4(1):16). En vista de este deterioro y de la segregación antes mencionada, ¿cómo pueden los microempresarios de los barrios dar el salto para convertirse en un negocio en marcha? ¿Cuán viable puede ser para una mujer quien fabrica ropa para clientes del barrio el establecer un negocio en un centro comercial? Más allá de la especulación inútil, los comerciantes de los barrios deben luchar con las repercusiones de la violencia urbana y una pobre escolaridad.

Crimen y violencia

El crimen personal se ha extendido en las áreas urbanas de Venezuela, pero es particularmente agudo en los barrios. Caracas, la capital, lidera por mucho todas las ciudades del hemisferio en el número de homicidios reportados diariamente (Briceño León). La siguiente descripción de una típica bodega de barrio, un tipo de bar, muestra el impacto de la violencia en los comercios de la comunidad (adaptado de Gómez y Llovera, 1998:10):

En una época, las bodegas de los barrios servían como lugar de encuentro de la comunidad. El bodeguero vendía un limitado número de bienes, principalmente alimentos de primera necesidad, velas, cigarros, bebidas de poco contenido alcohólico, cervezas y ron. Los clientes se apoyaban sobre el mostrador mientras el bodeguero se tomaba su tiempo para encontrar los bienes solicitados, los envolvía en una hoja de papel si se iban a consumir en otro lugar, y anotaba en una libreta el monto que se le iba a cargar al cliente. Hoy en día los clientes pagan en efectivo por adelantado y no tienen acceso ni a la bodega ni al mostrador: hacen una fila y piden los bienes a través de un hueco en la puerta que mide aproximadamente 22,5 cm2.

Navarro (1999) demuestra que el crimen y la violencia generan un costo claramente definido. Los grandes y medianos comercios en Caracas emplean fuerzas de seguridad privada, pero esta opción es muy costosa para los comercios de los barrios. La violencia es un peligro constante para una microempresa ubicada en un barrio. Por ejemplo, la tienda de Carlos en la plaza El Carmen de Petare vende

sonal hygiene products in order to attract barrio customers that fear stepping out of their home at night.

Poor Schooling

Barrio dwellers seldom have much formal education and completion of primary school may not guarantee literacy. Bruni (1998) describes public basic education as follows:
Physical plant is deteriorated for lack of maintenance. Classes last less than 4 hours a day and are held in dark and poorly equipped classrooms. Class days are cut short by strikes, lack of water, or meetings of teachers. The prescribed 192 days of class rarely reach 140. Most teachers are poorly trained. Poor children take almost nine years to complete six years of schooling and leave the system with serious deficiencies in reading, writing, and arithmetic.

Poor schooling directly affects the prospects for microenterprise success, for it weakens the basic knowledge required to run a business and handicaps the owner's opportunity to access new technologies, including the use of computers. Although many barrio dwellers possess a kind of intuitive sense that helps them manage their business, they generally lack rudimentary skills in bookkeeping and rarely read the financial press or popular literature that may be relevant to their business. Understandably, barrio dwellers have little access to new technology. Bangente loan officers assert that their most successful clients are those who write up all costs in a notebook, or tack invoices for goods to be paid on one wall, while tacking paid invoices on another for periodic review of business results.

 With perhaps the sole exception of cellular telephones, barrio dwellers lack access to new technologies. Few barrio dwellers employ computers to help run their business, but Venezuelan ownership of cellular phones is high. When these were introduced in the country, projected ownership by year 2000 was slated at 100,000; but actual subscribers reached 5 million.

In Latin America only 3% of the population use the Internet and as many as 3 out of 4 users are based in Brazil, Mexico, and Argentina; an added barrier is that the cost of access to the Internet in Venezuela is the second highest in the region (Debates IESA, V(4):32). A recent survey revealed that only 20% of Venezuelans owned a computer, largely those with higher income (p.35). Perhaps advances in cellular technology combined with the relatively high number of cellular users in Venezuela, together with current government programs that aim to accel-

productos de higiene personal y de limpieza doméstica y está ubicado frente a una iglesia; sin embargo, los tiroteos entre bandas que ocurren a plena luz del día usualmente requieren que cierre la tienda. Una mujer quien ensambla piezas cosidas por otra costurera del barrio, en casa, era víctima frecuente de robos y tuvo que invertir la mayor parte de sus ahorros en mudar su negocio a otro lugar. Para regresar a casa, un operador de kiosko debe tomar un taxi para una distancia corta desde la estación del metro con el fin de evitar ser atracado para robarle el efectivo del día. Salvo por incidentes mayores que requieren la presencia de la fuerza, los barrios son poco patrullados, y en algunos de ellos, la policía teme entrar.

No obstante, algunos comercios de barrio capitalizan el crimen. Carlos, mencionado anteriormente, añadió alquiler de videos a su tienda que vende productos de higiene personal con el fin de atraer a clientes del barrio temerosos de salir fuera de casa de noche.

Pobre escolaridad

Los habitantes de los barrios rara vez tienen educación formal; y el hecho de completar la educación básica puede no garantizar capacidad para leer y escribir. Bruni (1998) describe como sigue a la educación básica pública:
La planta física está deteriorada por falta de mantenimiento; las clases duran menos de 4 horas al día y se llevan a cabo en salones oscuros y mal equipados. Los días de clase se suspenden por huelgas, falta de agua o reuniones de profesores. Los 192 días de clases prescritos raras veces llegan a 140. La mayoría de los profesores está pobremente entrenada. Los niños pobres requieren de 9 años para completar seis años escolares y abandonan el sistema con graves deficiencias en la lectura, escritura y aritmética.

La pobre escolaridad afecta directamente los prospectos de éxito de la microempresa, ya que debilita el conocimiento básico que se requiere para manejar un negocio y obstaculiza la oportunidad de los propietarios de acceder a nuevas tecnologías, incluyendo el uso de computadoras. A pesar de que muchos de los habitantes de los barrios poseen un tipo de sentido intuitivo que los ayuda a gerenciar su negocio, generalmente, carecen de las habilidades rudimentarias de contabilidad y rara vez leen la prensa financiera o literatura popular que pueda ser importante para su negocio. Se comprende entonces que quienes viven en los barrios tienen poco acceso a la nueva tecnología. Los funcionarios de créditos de Bangente afirman que sus clientes más exitosos son aquellos que apuntan todos los costos en un cuaderno, o fijan las facturas de bienes por pagar en una pared, en tanto que fijan las facturas pagadas en otra, para revisiones periódicas de los resultados del negocio.

erate the introduction of computers in the school system, will enable future Venezuelans, including barrio dwellers, to acquire access to these business tools.

In the meanwhile, however, informal microenterprises generally rely on older, often obsolete equipment, for they lack the working capital or access to credit that would be required to purchase an up-to-date model. Hence the vehicles used by barrio dwellers, including those that specialize in cargo shipments, tend to be second- or third-hand. Bangente loan officers report that micro-business units engaged in light manufacturing often employ ëhechizosí, meaning equipment that has been rebuilt by the owner. Yet even when a Bangente loan enables them to acquire new equipment, they tend to feel intimidated by the technical information contained in user manuals and keep the hechizo in good working order just in case the new equipment fails. The upshot of these practices is that microenterprises incur in higher costs of production or produce lower-quality goods than competitors employing new equipment; even the informal cargo truckers, when bidding for shipments, operate at a competitive disadvantage vis-à-vis those that own newer vehicles.

Socioeconomic realities "the virtual segregation of barrio dwellers, the kind of parallel economy in which informal microenterprises operate, the high incidence of crime in barrio, communities, and the impact of Venezuela's poor schooling on the prospects for barrio business growth" are in some sense a product of institutional limitations. Consider now how other institutional limitations impact barrio-based business units.

Institutional Limitations: Regulation, Bureaucracy and Corruption

Why do successful microenterprises fail to register their business and remain in the informal economy? Consider the following experience describing how an informal cargo trucker runs his business (Gómez and Márquez, 2001):

Félix lines up his 12-year old vehicle, every business day at dawn together with dozens of other informal truckers, in front of the Paracotos warehouse of a multinational firm that outsources shipments of its health and beauty aids to retailers across the country. He acquired the vehicle with a severance payment received when he left a former job in a nearby factory and a loan from his mother. Sometimes Félix spends the whole day in line, in which case he heads the line the following day. He gets paid for the shipment 30 to 45 days later by a friend who, own-

Con quizás la única excepción de los teléfonos celulares, quienes viven en los barrios no tienen acceso a las nuevas tecnologías. Pocos habitantes de los barrios usan computadoras para ayudarse en el negocio, pero es elevada la propiedad de teléfonos celulares en Venezuela. Cuando se introdujeron en el país, la propiedad proyectada por año es estableció en 100.000; pero los actuales suscriptores alcanzan 5 millones.

En América Latina, sólo el 3% de la población usa internet y tanto como 3 de 4 usuarios están ubicados en Brasil, México y Argentina, y una barrera que se añade es que el costo de acceso a internet en Venezuela es el segundo más alto de la region (Debates IESA, V(4):32). Una encuesta reciente reveló que sólo el 20 por ciento de los venezolanos posee computadora, principalmente aquellos con ingresos más elevados (p.35). Quizás los avances en tecnología celular combinados con el número relativamente elevado de usuarios de celulares en Venezuela, junto con los programas gubernamentales actuales que tienen como fin acelerar la introducción de computadores en el sistema escolar pueda hacer que los futuros venezolanos, incluyendo los de los barrios, tengan acceso a estas herramientas de negocios.

Entre tanto, las microempresas informales generalmente cuentan con equipos viejos y usualmente obsoletos, ya que carecen de capital de trabajo o acceso a créditos que se requerirían para comprar un modelo actualizado. Por ello es que los vehículos de quienes viven en los barrios, incluyendo aquellos especializados en envío de carga, tienden a ser de segunda o tercera mano. Los funcionarios de préstamo de bangente reportan que las unidades de microempresas empleadas en manufactura liviana usualmente emplean "hechizos", que significa equipos que han sido reconstruidos por el propietario. Aun cuando un crédito de Bangente les permite adquirir nuevos equipos, ellos tienden a sentirse intimidados por la información técnica contenida en el manual del usuario, y mantienen el hechizo en buena forma sólo en caso de que falle el nuevo equipo. El resultado de estas prácticas es que las microempresas incurren en costos de producción más altos o producen bienes de menor calidad que los competidores que usan nuevos equipos; aun los camioneros que transportan carga informal, cuando compiten por hacer envíos, operan con una desventaja competitiva, vis a vis aquellos quienes poseen vehículos más nuevos.

Las realidades socioeconómicas y la segregación virtual de quienes viven en los barrios, la especie de economía paralela en la que operan las microempresas informales, la elevada incidencia del crimen en las comunidades de los barrios y el impacto de la pobre

ing a legally registered trucking firm, qualifies to bill the multi-national firm for cargo shipments. The friend, a former school-mate, discounts a commission from Félix's bill and lends him money at 10% per month interest to cover fuel and tolls, plus truck repairs.

Félix considers that the cost of registering his business would be too high. The registration process requires hiring a lawyer to pre-pare and file an application, followed by the purchase and legal stamping of account books. He then would have to employ an accountant to keep the books. Most important, Félix would have to pay the Value Added Tax due on the 15th day of every month, 20 or 30 days before the cargo outsourcer pays for the shipment.

Even when a barrio dweller proposes to register a business, many cannot obtain the prerequisite pin number (Registro de Información Financiera-RIF) from the Ministry of Finance. RIF applicants are required to file a copy of a public utility bill; and as barrio homes generally lack title ownership, are seldom billed for water, rarely have (residential) telephone service and often do not pay for electricity, they have no utility bills to present!

Not having a RIF bars many barrio businesspersons form transac-tions with larger firms, as in Félix's instance, above. Another enterprising barrio businessperson, María Elena, organizes sever-al members of her family to help her make the reusable cloth cof-fee filters that she sells to street market stalls. Some supermar-kets have shown interest in placing an order for them, but preparing a sales contract would require a RIF.

For street hawkers, police harassment provides another example of how barrio-based enterprises are caught in a web of inefficient institutional responses plagued with corrupt practices. Isaura, mentioned earlier, was jailed for selling on the street, but savvy street hawkers know better. They often band together and pay a bribe to the local police officer, who lets them know in advance what day and hour arrests are likely to be made (Gómez and Márquez, 2001).

Given Venezuela's high rate of urban unemployment, more and more barrio dwellers set up business (peddling, motor vehicle repair, hot dog stands) on public land, such as sidewalks, streets, and parks. Business there can be good, even as neighbors and ordinary shopkeepers generally protest such illegal activity. Vehicular traffic becomes clogged. Streets and parks are left filled with strewn garbage and human waste. Local authorities run police raids to put illegal activities temporarily out of business or

escolaridad venezolana en los prospectos para el crecimiento co-mercial de los barrios son en algún sentido un producto de las lim-itaciones institucionales. Consideraremos ahora cómo otras limita-ciones institucionales tienen un impacto en las unidades comer-ciales de los barrios.

Limitaciones institucionales: Regulación, burocracia y corrupción
¿Por qué las microempresas exitosas dejan de inscribir su negocio y permanecen en la economía informal? Consideraremos la siguiente experiencia que describe cómo un camionero de carga informal maneja su negocio (Gómez y Márquez, 2001):

Félix hace una fila con su vehículo de doce años, cada día laboral en la madrugada junto con docenas de otros camioneros informales, frente al depósito de Paracotos de una firma multinacional que le contrata a otras compañías el envío de cargamentos de sus produc-tos de belleza y salud a comerciantes minoristas en todo el país. ...El adquirió el vehículo con el pago de prestaciones que recibió cuando dejó un trabajo anterior en una fábrica cercana y un présta-mo de su madre. Algunas veces, Félix pasa todo el día en la fila, y en ese caso, es el primero de la fila del día siguiente. Le pagan por el cargamento 30 a 45 días más tarde por medio de un amigo, quien al tener una compañía de camiones legalmente registrada, califica para facturar a la firma multinacional por el envío de la carga. El amigo, un antiguo compañero de escuela, descuenta una comisión de la factura de Félix y le presta dinero al 10% de interés mensual para cubrir gatos de combustible, peajes y reparaciones del camión.

Félix considera que serían muy altos los costos de registrar su nego-cio. El proceso de registro requiere contratar a un abogado para que prepare e introduzca la solicitud, y requiere también de la compra y sellado legal de los libros de contabilidad. Luego, requeriría de los servicios de un contador para llevar los libros. Más importante, Félix tendría que pagar el impuesto al valor agregado el día 15 de cada mes, 20 o 30 días antes de que quien contrata el envío de la carga pague por el envío. Aun cuando un habitante de los barrios se pro-pone registrar un negocio, muchos no pueden obtener el prerequisi-to del número de RIF (Registro de Información Fiscal) del ministerio de Finanzas. Se les requiere a los solicitantes de RIF presentar una copia de una factura por algún servicio público; y como los propie-tarios de casas en los barrios generalmente carecen de título de propiedad, raras veces se les cobra por agua, raras veces tienen ser-vicio telefónico residencial y usualmente no pagan por electricidad, °no tienen facturas por servicios públicos que presentar! No tener RIF le impide a muchos empresarios de los barrios hacer transac-ciones con firmas más grandes, como en el caso de Félix. Otro co-

relocate them at some local market when possible. But most often, such businesses simply remain operating and become victims of police harassment.

Throughout Latin America, judicial reform, including the role of the courts, the public prosecutor, and other organizations that together constitute the judicial system, has become a major institutional challenge (Burki and Perry, 1998:109). In Venezuela, barrio dwellers are perhaps the easiest prey for a corrupt and inefficient judicial system, for they lack the resources to move through the legal maze, delays, and danger inherent in dealing with a conflict involving a court. Were the case to reach court, rarely can a barrio dweller hire a lawyer that is the equal of that employed on retainer by a large business, who in turn may have ready (and perhaps illicit) access to the presiding judge. Not surprisingly, barrio dwellers often administer their own justice, as illustrated by the following "civic seizure," drawn from Bangente records of a loan guaranteed by the mutual pledge of four microbusiness beneficiaries (Gómez and Márquez, 2001):

Jhony [sic] operated a small, rented storefront, selling fruit. On breaking with a common-law wife, he fled the area and the remaining beneficiaries had no choice but to honor his loan. By sheer coincidence, the Bangente loan officer saw Jhony on a city street operating a fast food stand. The loan officer alerted the remaining beneficiaries, who forcibly led Jhony to his new address and took away his stand, which they returned once he paid 50,000 bolivars and agreed to make additional weekly payments.

Had the remaining beneficiaries opted to sue their loan partner in court, they would have had to incur endless legal expense, well beyond their means. Judicial reform has been under way in Venezuela for several years, but on matters bearing on the illustration presented there has been little progress. Hence decades will likely go by before institutional barriers to microenterprise growth are removed.

Final Comments
This paper examines a variety of cultural, socioeconomic, and institutional barriers that limit the prospects for turning barrio-based microenterprises into successful small businesses. Although some microentrepreneurs have risen to the challenge and turned these barriers into opportunities, barrio-based microenterprises will, for the most part, fail to grow and simply provide subsistence living for their owners.

merciante de barrio, María Elena, organiza muchos miembros de su familia para ayudarla a hacer filtros de café de tela reusables que ella vende a los puestos de los mercados de la calle. Algunos supermercados han mostrado interés en hacerle un pedido, pero preparar un contrato de ventas requeriría un RIF.

Para los vendedores ambulantes, el acoso policial es otro ejemplo de cómo las empresas ubicadas en los barrios están atrapadas en una red de respuestas institucionales ineficientes, plagada de prácticas corruptas. Isaura, mencionada con anterioridad, fue arrestada por vender en la calle; pero existen grupos de vendedores ambulantes que se defienden mejor. Usualmente, permanecen juntos y sobornan al policía local, quien les hace saber por adelantado qué día y a qué horas pueden suceder los arrestos (Gómez y Márquez, 2001).

Dada la elevada tasa de desempleo urbano en Venezuela, más y más de los habitantes de los barrios montan un negocio (vender de puerta en puerta, reparación de vehículos, ventas de perros calientes) en terrenos públicos, tales como aceras, calles y parques. El negocio allí puede ser bueno, aun si los vecinos y los dueños de las tiendas ordinarios generalmente protestan la actividad ilegal. Se congestiona el tráfico de vehículos. Las calles y parques se dejan llenos de basura y desechos humanos. Las autoridades locales hacen redadas para sacar temporalmente las actividades ilegales o reubicarlas en algún mercado local cuando es posible. Pero en la mayoría de los casos, tales negocios simplemente permanecen operando y se vuelven víctimas del acoso policial.

En toda Latioamérica, la reforma judicial, incluyendo el papel de los tribunales, el Fiscal General, y otras organizaciones que en conjunto constituyen el sistema judicial, se ha convertido en un reto institucional de envergadura (Burki y Perry, 1998:109). En Venezuela, los habitantes de los barrios son quizás la presa más fácil de un sistema judicial corrupto e ineficiente, ya que carecen de los recursos para moverse a través del laberinto legal, demoras y peligros que conlleva el tener un conflicto que involucre a los tribunales. Cuando el caso llega al Tribunal Supremo, rara vez puede un habitante de barrio contratar a un abogado que sea igual al del comercio más grande, quien en cambio puede tener rápido acceso (y quizás ilícito) al Magistrado ponente. No sorprende que los habitantes de los barrios usualmente administran su propia justicia, como se ilustra en la siguiente incautación cívica sacada de los registros de Bangente de un crédito garantizado por el mutuo compromiso de cuatro microempresarios beneficiados (Gómez y Márquez, 2001):Jhony manejaba una pequeña tienda alquilada, en la que vendía frutas. Cuando rompió con su concubina, se fue del área y los demás bene-

The best sign of progress is the genuine interest displayed in microenterprise development by multilateral agencies, governments, and academic researchers throughout the Hemisphere (BID, 1998). The more that is learned about how a comparatively few successful barrio-based business firms are run and what strategies they deploy to get ahead, the sooner will this knowledge be available to benefit other barrio dwellers. Similarly, in time Venezuela and other Latin American governments will undertake the broad-based institutional reforms that are required to promote social justice. In the meanwhile, recognition that today the predominant business unit in Latin America is the informal, urban microenterprise should gradually lead financial institutions and larger business organizations to work through barrio-based firms. Already for some, including multinational firms that include informal microenterprises in their production and distribution chain, there is no other choice.

ficiarios no tuvieron más opción que honrar su crédito. Por pura coincidencia, el funcionario de créditos de Bangente vio a Jhony en una calle de la ciudad vendiendo en un puesto de comida rápida. El funcionario de crédito alertó a los demás beneficiarios, quienes llevaron a Jhony por la fuerza a su nuevo punto y le quitaron su puesto de ventas, el cual le retornaron una vez que pagó Bs. 50.000,00 y convino en hacer pagos semanales adicionales.

Si los demás beneficiarios hubieran optado por demandar al socio del préstamo en los tribunales, hubieran tenido que incurrir en gastos legales interminables, mucho mayores que los medios de que disponen. La reforma judicial se ha empezado a llevar adelante en Venezuela desde hace muchos años, pero con respecto a los asuntos relacionados con el ejemplo presentado ha habido poco progreso. Por ello, seguramente pasarán décadas antes de que desaparezcan las barreras institucionales que impiden el crecimiento de la microempresa.

Comentarios finales

Este trabajo examina una variedad de barreras culturales, socioeconómicas e institucionales que limitan los prospectos para convertir a las microempresas ubicadas en los barrios en pequeños comercios exitosos. A pesar de que algunos microempresarios han superado el reto y han convertido estas barreras en oportunidades, las microempresas de los barrios, en su mayoría, no podrán crecer y simplemente proveerán el sustento para sobrevivir a sus propietarios.

El mejor signo de progreso es el interés genuino demostrado por las agencias multilaterales, el gobierno y los investigadores académicos a lo largo del hemisferio en el desarrollo de la microempresa. (BID, 1998). Mientras más se aprenda cómo se maneja un número comparativamente bajo de comercios exitosos ubicados en los barrios y qué estrategias usan para salir adelante, con mayor prontitud este conocimiento estará disponible para beneficiar a otros habitantes de los barrios. De igual forma, a su tiempo, Venezuela y otros gobiernos de Latinoamérica emprenderán las amplias reformas institucionales que se requieren para promover la justicia social. Entre tanto, reconocer que hoy en día la unidad comercial predominante en América Latina es la microempresa urbana informal guiará gradualmente a las instituciones financieras y organizaciones comerciales más grandes a trabajar por medio de los comercios de los barrios. Para algunos, incluyendo firmas multinacionales que incluyen a las microempresas en su cadena de producción y distribución, no hay otra opción.

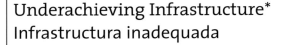

Underachieving Infrastructure*
Infrastructura inadequada

MICHAEL COHEN

Let me try to connect a body of work and experience with some of the ideas being considered for Venezuela. I worked for many years, starting in the early '70s in the World Bank and framed a lot of their urban policies from the early '70s to late and mid '90s.

In 1991 if you look at most of the countries of Latin America—certainly all of Africa and even some parts of South Asia—you can roughly characterize the countries as all having a fiscal crisis. They were recovering from debt and recession. But at the macro-level, resources were scarce, and there were concerns about whether countries could attract investment. Things were

Déjenme tratar de conectar una parte trabajo y experiencia con algunas de las cosas sobre las que ustedes están trabajando en Venezuela. Empecé a trabajar a principios de los años 70 en el Banco Mundial, y permanecí allí durante muchos años; formulé muchas de sus políticas urbanas desde los 70 hasta mediados y finales de los 90.

En 1991, si se observa a la mayoría de los países de Latinoamérica, ciertamente todos los de Africa e incluso algunas partes del sur de Asia, se puede aproximadamente decir que todos los países tienen una crisis fiscal. Se estaban recuperando de deudas y recesión;

*Partial transcript from his spring 2001 lecture
Texto parcial de su charla de la primavera del 2001

not going well from the development point of view.

We began to change the questions we were asking. We had started in the seventies very much from the perspective of low-cost infrastructure, the work of people like John Turner, sites and services, upgrading programs. You could say that what we did was enter the city through the house and the bathroom. The view of the city was rather partial.

In the eighties, because there was not enough attention paid to institutions, you would build projects and nobody would come to pick up the garbage. So what began was an emphasis on municipal management and development—the rediscovery of town hall—focusing on municipal budgets, municipal finance, and technical aspects. That coincides with more and more decentralization in countries where municipalities were being asked to do more things, even if they don't have the technical or financial resources to do very much.

Then, at the beginning of the nineties, the question was no longer how you enter the city and how you improve the overall quality of life through construction and housing. There is a whole other question: How can cities make a greater contribution to overall national development? That is, the country is in crisis, growth rates are going down, per capita income is going down, many countries are getting poorer quickly; so, what is the role of the city in contributing the country's development, both from a growth and equity point of view? In the early nineties more than half of GDP (gross domestic product) was coming from cities, from urban-based economic activity. In Latin America, 75% of future GDP growth is going to come from cities. The economic future of all the developing countries will depend on the productivity of the cities.

For the planners and the designers, suddenly it's your responsibility to figure out how one makes the city a more productive place to generate jobs and income. You could argue that, even though cities were the productive engine, they were really underachievers. We have a paradox: on the one hand, the cities are the most productive presence in the economy, but increasingly they are the locus of poverty. How do you deal with the paradox? And why can't the cities be made more productive than they already are? These are the questions we've been posing ourselves with since 1991.

We ended up concluding that there were four kinds of constraints to productivity in the city. The first was infrastructure

pero a nivel macro, los recursos eran escasos, y existía la preocupación de si los países podrían atraer inversiones. Desde la óptica del desarrollo, las cosas no estaban marchando bien.

Comenzamos a cambiar las preguntas que hacíamos. Habíamos empezado en los setenta desde la perspectiva de una infraestructura de bajo costo, el trabajo de gente como John Turner, lugares y servicios, mejorando los programas. Se puede decir que lo que hicimos fue entrar a la ciudad por la casa y el baño. La vista de la ciudad era más bien parcial.

En los ochenta, debido a que no se prestaba suficiente atención a las instituciones, se podía construir proyectos y nadie venía a recoger la basura. Así que lo que comenzó fue un énfasis en la gerencia y desarrollo municipal—el redescubrimiento del municipio—concentrándose en el presupuesto municipal, sus finanzas y aspectos técnicos. Ello coincide con más y más descentralización en países en los cuales se les pidió a las municipalidades hacer más cosas, aun si no tienen los recursos técnicos o financieros para hacer mucho.

Luego, a principios de los noventa, ya la pregunta no era cómo entrarle a la ciudad y cómo mejorar la calidad de vida por medio de la construcción y la vivienda. Hay ahora otra pregunta ¿cómo pueden las ciudades hacer una contribución mayor al desarrollo nacional global? Esto es, el país está en crisis, las tasas de crecimiento están bajando, el ingreso per capita está bajando, muchos países se están empobreciendo de forma muy rápida, así que ¿cuál es el papel de la ciudad para contribuir al desarrollo del país, desde el punto de vista del crecimiento y la igualdad? A principios de los noventa, más de la mitad del PIB (producto interno bruto) provenía de las ciudades, de la actividad económica urbana. En América latina, 75% del crecimiento del PIB futuro va a provenir de las ciudades. El futuro económico de todos los países en desarrollo dependerá de la productividad de las ciudades.

Repentinamente, es responsabilidad de los urbanistas y diseñadores figurarse cómo se puede hacer para que la ciudad sea un lugar más productivo para generar ingresos y trabajos. Se puede argumentar que aunque la ciudad es el motor productivo, realmente rinde por debajo de su capacidad. Tenemos una paradoja: por una parte, las ciudades son la presencia más productiva en la economía, pero son cada vez más el lugar donde se ubica la pobreza. ¿Cómo se maneja la paradoja? y ¿por qué no se puede hacer a las ciudades más productivas de lo que son? Estas son las interrogantes que nos hemos estado planteando desde 1991.

deficiency. It was obvious that in city after city that the inadequacy of water, power, roads was contributing to the costs of
products of small businesses. For example, I had a guy do some
research for me in Nigeria where we discovered that 35% of
gross fixed investment in small projects was going to provide
infrastructure because the companies didn't have reliable water,
reliable power and nobody picked up their garbage, nobody
could bring their workers to work. Because of infrastructure
deficiency and their costs on companies, the companies couldn't
grow, and they couldn't create jobs.

The second constraint was regulation- where if you go to a place
like Kuala Lumpur, there were 55 steps required to get a building
permit. We discovered that the cost of delaying Kuala Lumpur in
the construction sector was equivalent to 3% of GDP each year.
Countries will live and die over 3% of GDP.

The third issue was local government. Local government, in
almost all of these countries, was incredibly weak. Investment
was provided at the national level or in the private sector, and so
local government was not able to meet challenges, and they just
did not have the capacity.

The fourth constraint- within most of these countries there was
no financial system. There was no way in which you could borrow money for urban infrastructure and pay it back over time.
So, the cities drawable assets would be constructed out of dis-
posable cash. How could a city invest in long-term infrastructure, with the benefits shaping fifty years possibly, and pay for it
out of cash on-hand? A lot of people would argue that the debt
crisis of Latin America of the eighties, and some of the Asian crisis of the nineties, was tied to the financing of the city.

Hearing all that as context, I decided to ask a really simple ques-
tion- do infrastructure projects work? We did a review of water,
power, sanitation, telecommunications, and different kinds of
transportation, and we looked at 100 countries, we looked at 30
years of experience of externally funded projects and domesti-
cally funded infrastructure projects. The conclusion, the very
tough conclusion, was mostly, no. Mostly, infrastructure projects
are too big, they create services which are not the services
required by users. They are too expensive, and they create all
kinds of financial obligations in the city. They are not really
well-tailored to the size of the problems that they are being
asked to address. While we were doing this for developing countries, I was on a committee in the States to look at infrastructure

Terminamos concluyendo que había cuatro tipos de limitaciones a la
productividad en la ciudad. La primera era la deficiencia estructural.
Era obvio que en ciudad tras ciudad los inadecuados servicios de
agua, electricidad y vialidad contribuían a los costos de producción de
pequeños comercios. Por ejemplo, contraté a un muchacho para que
hiciera un estudio en Nigeria, donde descubrimos que 35% de la
inversión fija bruta en pequeños proyectos iba a proporcionar
infraestructura porque las compañías no tenían agua confiable, electricidad confiable, y nadie recogía su basura, nadie podía traer al trabajo a sus trabajadores. Debido a la deficiencia estructural y su costo
a las compañías, éstas no pueden crecer, y no pueden crear trabajos.

La segunda limitación es la regulación; si se va a un lugar como
Kuala Lumpur, se requieren 55 pasos para obtener un permiso de
construcción. Descubrimos que el costo de la demora en el sector de
la construcción de ese lugar era equivalente al 3% del PIB cada año.
El 3% del PIB hace la diferencia entre una economía boyante y una
economía en recesión.

La tercera limitación es el gobierno local, el cual en casi todos estos
países es increíblemente débil. Las inversiones ocurren a nivel
nacional o en el sector privado, por lo que los gobiernos locales no
pueden cumplir su cometido ya que no tienen la capacidad.

La cuarta limitación es que en estos países no hay un sistema
financiero; no hay una forma de pedir dinero prestado para infraestructura urbana y pagarlo a su tiempo. De tal forma que los bienes
de la ciudad se construirán del efectivo disponible. ¿Cómo puede una
ciudad invertir en infraestructura de largo plazo, con un beneficio
posiblemente a cincuenta años, y pagarla con efectivo contante y
sonante? Muchas personas argumentarán que las crisis de las deudas de Latinoamérica de los ochenta y algunas de las crisis asiáticas
de los noventa estaban ligadas a las finanzas de la ciudad.

Oyendo todo esto como contexto, decidí hacerme una pregunta
realmente simple ¿funcionan los proyectos de infraestructura?
Hicimos una revisión de los servicios de agua, electricidad, sanidad,
telecomunicaciones y diversos tipos de transportes, y estudiamos a
100 países, y 30 años de experiencia de proyectos financiados exter-
namente y de proyectos de infraestructura financiados nacional-
mente. La conclusión, muy ruda, era que no. En su mayoría, los
proyectos de infraestructura son muy grandes, crean servicios que
no son los requeridos por los usuarios, son muy costosos, y crean
todo tipo de obligaciones financieras para la ciudad. No están bien
diseñados para resolver los problemas que deben afrontar. Mientras
hacía esto para países en desarrollo, integraba un comité en los

policy, and we came to the same conclusion. Somebody defined infrastructure in the U.S. as something gray that is behind a chain-linked fence, and it's major purpose is to divide communities. The conclusions were more or less the same in developing countries and in the U.S.

The question is why are infrastructure projects underachieving? Somebody came up with the notion that infrastructure projects basically have a supply-bias. The creation of the facility is the creation of supply. If you ask an engineer "what's my job? My job is to create a facility that can treat "x" number of cubic feet of water, and this is what I do." Rather than asking the other question, which is, what do I have to do to generate a flow of services which will be consumed at this quantity, at this time of the day, at this level of quality, at this level of cost, in relation to the demand. We concluded that there was too much of an emphasis on stock and not enough on flow. Too much on facilities and not enough on services. The story was getting terribly boring. We'd show up in a city and that the water company had somehow convinced the municipality that it could build a plant of this size. Then we discovered that this "size" was about 50% too much in relationship to what was needed. So, now we had capacity that was underutilized- and of course, the water company had borrowed from somebody to build and was now in financial trouble. You don't think about demand simply as a 40-year problem. You think about demand this year, next year, and you have to break it down. The engineers were telling us, if you do this work, my grandchildren will use the water.

The question that I would ask in the first instance is- what's the demand for the services that you are putting place? Has anybody actually done serious demand studies for the highway? Are you, in thinking spatially and programmatically, saying they need this, and according to whom? What's the process by which you'd actually refer to users? How much from enterprises? How much from households? Which kind of public transport is going to use that road? Do you really need four lanes or could you do two? Are you estimating the transport demand at peak hours, or could it be phased? The sizing of the infrastructure and thinking about it in plan has enormous implications. If you think about the investment cost in context—forgetting about oil for a minute (in fact the big problem is that there's too much based on oil)—can this population in this place afford the monster highways you're talking about or this particular high-tech facility? When you look at the map you realize that Venezuela is in a

Estados Unidos para revisar la política de infraestructura, y llegamos a la misma conclusión. Alguien definió la infraestructura en los Estados Unidos como algo gris que está detrás de una reja de cadenas y su fin principal es dividir a las comunidades. Las conclusiones eran más o menos las mismas en países en desarrollo y en los Estados Unidos.

La interrogante es ¿por qué los proyectos de infraestructura rinden por debajo de su capacidad? Alguien sugirió la noción de que los proyectos de infraestructura tienen básicamente una parte de servicio. La creación de una instalación es la creación de un suministro. Si se le pregunta a un ingeniero "¿cuál es mi trabajo? Mi trabajo es crear una instalación que pueda tratar x número de pies cúbicos de agua, y esto es lo que hago". En lugar de formularle la otra pregunta, la cual es ¿qué tengo que hacer para generar un flujo de servicios que se consumirá en esta cantidad, a esta hora del día, a este nivel de calidad, a este nivel de costo en relación con la demanda. Concluimos que había mucho énfasis en la existencia y no suficiente en el flujo; mucho en las instalaciones y no suficiente en los servicios. La historia se estaba poniendo terriblemente aburrida. Nos aparecimos en una ciudad en la que la compañía de agua de alguna forma había convencido a la municipalidad de que podía construir una planta de este tamaño. Luego, descubrimos que este "tamaño" era aproximadamente 50% más grande en relación con lo que se necesitaba. Así que ahora tenemos una capacidad que está subutilizada y, claro, la compañía de agua había pedido un crédito para construir y ahora tenía problemas financieros. No piensas en la demanda como un problema de 40 años; piensas en la demanda este año, el próximo año y tienes que resolverlo. Los ingenieros nos decían que si hacíamos este trabajo, nuestros nietos usarán el agua.

La pregunta que formularía en primer lugar es cuál es la demanda por los servicios que se está considerando. ¿Alguien ha hecho serios estudios de la demanda de autopistas? ¿Se está diciendo, pensando espacial y programáticamente, que ellos necesitan esto y de acuerdo a quién? ¿Cuál es el proceso por el cual se refieren a los usuarios? ¿Cuánto de las empresas? ¿Cuánto de los propietarios? ¿Qué tipo de transporte público va a usar esa vía? ¿Se necesitan realmente cuatro planes o se pueden hacer dos? ¿Se está calculando la demanda de transporte a horas pico o se puede hacer por etapas? El tamaño de la infraestructura y pensar acerca de un plan conlleva enormes implicaciones. Si se piensa en el costo de inversión en contexto, olvidándose del petróleo por un minuto (de hecho, el gran problema es que hay muchas cosas que se basan en

great location to connect up to America. What a great opportunity, but what's the demand?

So, the first question is how you conceptualize the demand. What's the methodology by which you measure the demand? If you went back to the sixties, and you looked at international housing practice, there's a wonderful document that the old UN Center for Housing, Building, and Planning produced that said that everybody in the world needs to have nine square meters of inhabitable space in order to be able to lead a good life. Or some number like that. And then the WHO (World Health Organization) came through and said everybody needs 45 liters of water a day. I worked in Upper Volta, and people only needed seven liters of water a day. In Buenos Aires it's 280. The notion of standards is very problematic. I'm not interested in standards, I'm interested in saying what do people actually need? What will they likely to be able to pay for? How would you subsidize it if you had to subsidize it?

The second question, which is also very problematic here. is what's your institutional framework? Who's going to do what? Who's going to build? Who's going to plan, other than people at Columbia? Who has policy responsibility for this area? You're talking about multi-sectoral things going on, so, have you mapped the institutions? What are the roles and strengths of these institutions? I remember some old Venezuelan stories about projects that were started where there two or three contracting offices in an agency and 500 bids would come in. How could they possibly review all the bids? It was far beyond what the institution could manage. If this is really more than spatial fiction you've got to think about the institutions. There's been a lot of stuff done on Ciudad Guyana—wonderful studies of how it didn't work. A whole generation of MIT planners got tenure based on the mistakes that happened at Ciudad Guyana. One of the things they discovered is that they hadn't paid enough attention to the institutional practices. When they thought they had an agreement, nobody would ever come who was capable of doing it.

The third piece is the question of externalities. Obviously the environmental piece has got to be a big piece because you're dealing with an unstable environment. This whole area is fragile. It's been over-utilized and there's lots of pressure, whether it's on the beach, in the ports, or in the air quality. But I'm more interested in the social externalities—what are you going to do

el petróleo) ¿puede esta población en este lugar costear las gigantescas autopistas de las que están hablando o esta instalación de alta tecnología? Cuando se ve el mapa, te percatas de que Venezuela tiene una gran ubicación para conectarse con América Qué gran oportunidad, pero ¿cuál es la demanda?

La primera pregunta es cómo defines la demanda. ¿Cuál es la metodología por la cual se mide la demanda? Si se va a los sesenta, y se mira la práctica de vivienda internacional hay un documento maravilloso que produjo el antiguo centro de las Naciones Unidas para Vivienda, Construcción y Planificación que decía que todos en el mundo necesitan tener 9 metros cuadrados de espacio habitable para ser capaz de tener una buena vida. O algún número parecido a ese. Y luego, la Organización Mundial de la Salud dijo que todos necesitan 45 litros de agua al día. En Buenos Aires son 280. La noción de estándares es muy problemática. No estoy interesado en ellos, estoy interesado en decir qué necesita en realidad la gente. ¿Qué serán capaces de pagar? ¿Cómo subsidiarías si tuvieras que hacerlo?

La segunda pregunta es también bastante problemática aquí. ¿Cuál es el marco institucional? ¿Quién lo va a hacer? ¿Quién va a construir, quién va a planificar, además de la gente de Columbia? ¿Quién tiene la responsabilidad de la política en esta área? Se está hablando de asuntos multisectoriales que están sucediendo, así que ¿se sabe cuáles son las instituciones y cuáles son sus funciones y fortalezas? Recuerdo una vieja historia venezolana acerca de proyectos que se iban a empezar en los cuales habían dos o tres oficinas contratistas en una agencia y se introducirían 500 ofertas. ¿Cómo se iban a poder revisar 500 ofertas? Estaba más allá de lo que la institución podía manejar. Si esto es más que ficción espacial, se debe pensar en las instituciones. Se ha hecho bastante en Ciudad Guayana, estudios maravillosos de cómo fue que no funcionó. Toda una generación de urbanistas del MIT obtuvieron derecho de permanencia basándose en los errores que sucedieron en Ciudad Guayana. Una de la cosas que descubrieron es que no le prestaron suficiente atención a las prácticas institucionales. Cuando pensaron que tenían un convenio, no surgía alguien capaz de hacerlo.

La tercera pregunta es la cuestión de las externalidades. Obviamente la pieza ambiental es una pieza grande ya que se está tratando con un ambiente que no es estable. Toda esta área es frágil. Está siendo sobre utilizada y hay gran presión, tanto en la playa, en los puertos o en la calidad del aire. Pero estoy más intere-

that somehow relates to the inequality and poverty problems of Venezuela. Because the inequality and poverty problem is what's driving a lot of the politics which is driving the institutional performance. What is the social and economic vision and implications of what you're thinking about spatially? And how does that affect the politics and the institutional framework? In crude terms, are doing something here that poor people would benefit from? How? Is this politically popular? With whom? Are the individual projects or the projects as a whole going to increase income disparity or reduce income disparity? What kind of jobs are you creating here? More high-tech jobs? You're going to create Malibu in Venezuela? Or are we somehow training people to get involved in the technological industry?

I was working in Australia last year, invited to talk with some people in Queensland about a big pipeline project that Chevron is doing. It's a 2,000-mile pipeline and at each segment they were going to bring in around 1,000 people to the camp. They were asking, "Who's going to bring the food in," and the answer was- the aborigines who live all along the pipeline. All the native rights people were saying, "This is terrible." So I said to the government of Queensland, "Maybe this isn't a pipeline project." "Well, what do you mean?" "Maybe this is an aborigine training project, and the instrument for training the aborigines- and developing and supporting them would be to build a pipeline."

Thinking about it from a completely different point of view- what's the social objective of doing some thing physical? You would focus on the demand-side from a different point of view. Now, first, the engineers in the Queensland government said, "You're really crazy. This is not what we're about." On the other hand, that project won't work if you have unhappy people all along the pipeline. You're in a highly visible place that's already got problems. Would that change any of your designs or the conceptual vision of it?

So the first question is the definition of infrastructure and the demand-side question. How are you thinking about infrastructure planning? The second piece is the institutional piece. The third piece is the externalities. From my experience, most projects don't deal with any of those very well. So it's not surprising we end up with this definition of infrastructure as something gray behind a chain-linked fence.

sado en las externalidades sociales, ¿qué se va a hacer que de algún modo se relacione con los problemas de desigualdad y pobreza de Venezuela, porque el problema de desigualdad y pobreza es lo que está moviendo muchas de las políticas que están dirigiendo las actuaciones institucionales. ¿Cuál es la visión económica y social y las implicaciones de lo que se está pensando espacialmente? Y ¿cómo afecta esto las políticas y el marco institucional? En términos crudos, ¿se está haciendo algo aquí de lo que se beneficie la gente pobre y cómo? ¿Es popular políticamente con quién? ¿Los proyectos individuales o los proyectos como un todo van a aumentar la desigualdad de los ingresos o la van a reducir? ¿Qué tipo de trabajos van a crear aquí? ¿Más trabajos de alta tecnología? ¿Vas a crear Malibú en Venezuela o de algún modo vamos a entrenar a la gente para que se involucre en la industria tecnológica?

Estaba trabajando el año pasado en Australia, invitado a hablar con algunas personas en Queensland sobre un gran proyecto de oleoducto que está haciendo Chevron. Se trata de un oleoducto de 2000 millas, y en cada segmento, iban a tener trabajando cerca de 1000 personas en el campo. Se estaban preguntando "¿quién va a suministrar la comida?" y la respuesta era "los aborígenes que viven a lo largo de todo el oleoducto. Los nativos decían "esto es terrible"; así que le dije al gobierno de Queensland "quizás este no es un proyecto de oleoducto". ¿Qué quieres decir? "Quizás este es un proyecto de entrenamiento de los aborígenes, y el instrumento para su entrenamiento, desarrollo y apoyo es la construcción del oleoducto".

Pensarlo desde un punto de vista completamente diferente en cuál es el objetivo social de hacer algo físico- te permite concentrarte en el lado de la demanda desde una perspectiva diferente. Ahora, primero, los ingenieros en el gobierno de Queensland dijeron que estaba totalmente loco, que no era eso en lo que estaban. Por otro lado, ese proyecto no funcionará si tienes gente infeliz a lo largo del oleoducto. Estás en un lugar muy visible que ya ha traído problemas. ¿Eso cambiará cualquiera de sus diseños o la visión conceptual de ellos?

Así que la primera interrogante es la definición de infraestructura y el lado de la demanda. ¿Qué se está pensando acerca de la planificación de infraestructura? La segunda pieza es la pieza institucional. La tercera, las externalidades. Según mi experiencia, la mayoría de los proyectos no maneja muy bien ninguno de ellos; así que no sorprende que terminemos con la definición de infraestructura como algo gris detrás de una reja de cadena.

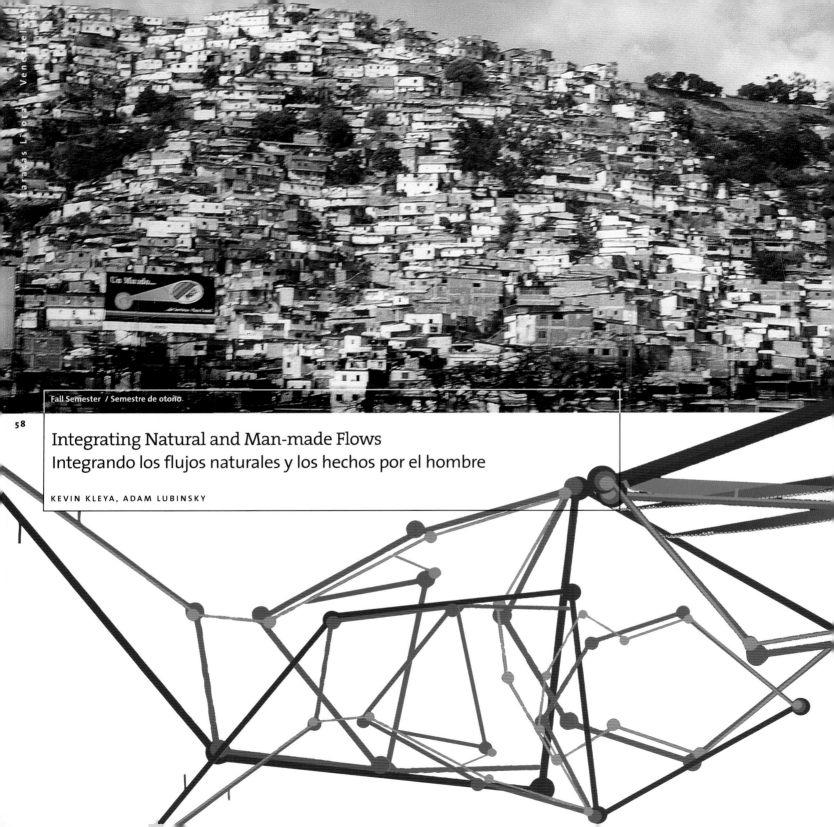

Fall Semester / Semestre de otoño

Integrating Natural and Man-made Flows
Integrando los flujos naturales y los hechos por el hombre

KEVIN KLEYA, ADAM LUBINSKY

The rise in formal building in Vargas since the 1950s followed the economic trends of the oil markets and laissez-faire development while ignoring the geophysical realities of the site. The hotels and apartment blocks built in the flat sediments of the alluvial fans were destroyed during the mudslides of December 1999 even as many of the barrios built on the steep slopes of the mountain remained safe from the floods. This project intends to synchronize development with this new understanding of the geophysical reality. The slopes are seen as stable ground, and the project proposes building on the mountainside with the hybridization of infrastructure managing the natural flows down the mountain and the man-made flows of water and transport up the mountain. The population growth up on the slopes is bolstered by a new regional highway connection traveling the length of Vargas to Caracas, making this specific study of the La Guaira area repeatable along the coast, depending on the steepness of each river basin and the local site conditions.

El incremento de la edificación formal en Vargas desde los años 1950 siguió las tendencias económicas de los mercados del petróleo y del desarrollo "laissez-faire", ignorando la realidad geofìsica del lugar. Los hoteles y bloques de apartamentos construidos en los sedimentos llanos de los terrenos aluviales fueron destruidos durante las avalanchas de barro de diciembre de 1999, mientras que muchos de los barrios construidos en las empinadas pendientes de las montañas se mantuvieron a salvo de las inundaciones.

Este proyecto intenta sincronizar el desarrollo con esta nueva forma de entender la realidad geofísica, valorando las pendientes como terreno estable. Se proponen edificios en las vertientes de las montañas, junto con una hibridación de la infraestructura para poder controlar tanto los flujos naturales cuesta abajo como los flujos de agua y transporte creados por el hombre hacia arriba. El aumento de población en las pendientes es reforzado por una

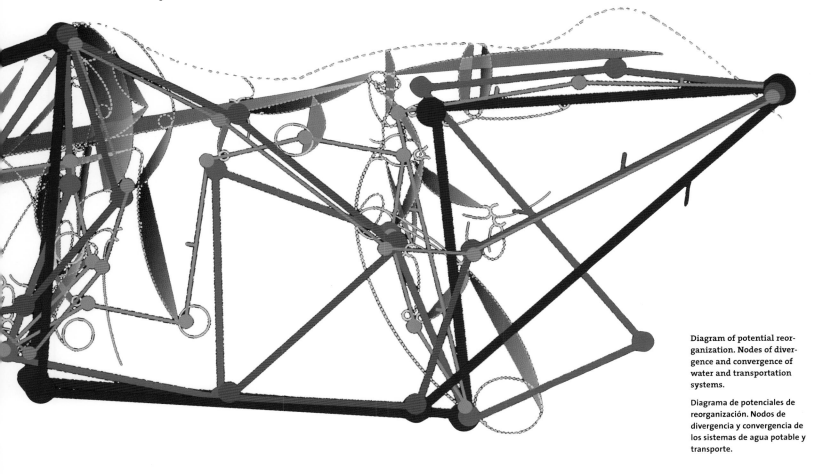

Diagram of potential reorganization. Nodes of divergence and convergence of water and transportation systems.

Diagrama de potenciales de reorganización. Nodos de divergencia y convergencia de los sistemas de agua potable y transporte.

Stages of sediments during mudslides: Stability, Instability, and Relocation

Estados de los sedimentos durante el deslave. Estabilidad, Inestabilidad y Reubicación

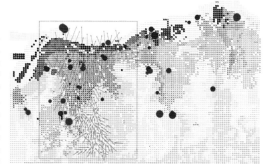

Superimposed diagrams: Sediment flow, Infrastructural nodes, and Programmatic Attractors.

Diagramas superpuestos: Flujos de sedimentos, Nodos de infraestructura y Atractores de actividades

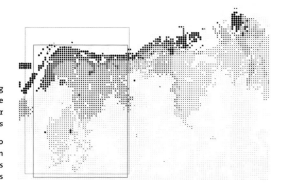

Diagrams showing "new lands" in the coast line after mudslides

Diagramas mostrando "nuevos territorios" en la costa después de los deslaves

METHODOLOGY The population growth of Vargas has historically followed lines of infrastructure, both at the regional and local scale. By looking at the requirements of a development on the mountain, a series of infrastructure nodes were created that lead up the slope. These nodes signified either divergence, meaning a directional shift in mudslide flows, or convergence, being a confluence of infrastructure flows. When a divergence node was adjacent to a convergence node, the nodes acted in a hybrid fashion. These nodes evolved with more specificity, as divergence nodes became the site for sediment catchments, diversion dams, and earth berms constructed from the remains of the mudslides. Convergence nodes served as water storage tanks, bus/train depots, public spaces, evacuation zones, and parking lots. Hybrid nodes served as for example, diversion dams and highway piers, or large water tanks and public plazas. The new infrastructure, if the old patterns of settlement continue, would result in an inhabitation of the slopes.

DESIGNING WITH NATURE The project establishes a basic infrastructural system that includes a highway to Caracas at the 120 meter elevation, a proposal that has already been considered for the region.

This direct connection to Caracas would bolster new private developments on the mountain while providing an alternative to the vulnerable coastal highway. As this highway bridges the river basin, a secondary road splits off to form a development loop and linking existing barrios into a transportation system. A funicular train would travel up the basin to link this road and

nueva conexión de la autopista regional entre Vargas y Caracas, que permite que este estudio específico sobre el área de La Guaira sea aplicable a lo largo de la costa, dependiendo de la pendiente de cada cuenca fluvial y de las condiciones locales del lugar.

METODOLOGÍA El crecimiento de la población en Caracas ha seguido históricamente las lineas de infraestructura, tanto a escala regional como local. Teniendo en cuenta los requerimientos que la urbanización en la montaña requería, se crearon unos nodos de infraestructura siguiendo la pendiente. Estos nodos indican o bien divergencia, entendida como un cambio en la dirección de los flujos de deslizamiento de barro, o bien convergencia, entendida como una confluencia de flujos de infraestructura.

Cuando un nodo de divergencia es adyacente a uno de convergencia, ambos actúan de forma híbrida. Estos nodos evolucionan de forma específica. Así, los nodos de divergencia se convierten en el lugar apropiado para la captación de sedimentos, presas de desviación y arcenes de tierra contruidos con los restos de los deslizamientos de barro. Los nodos de convergencia sirven como depósitos de almacenaje, cocheras de autobuses y trenes, espacios públicos, zonas de evacuación y aparcamientos. Los nodos híbridos se utilizan simultáneamente, por ejemplo, como presas y estructuras para la autopista, o reservas de agua y plazas públicas. En caso de persistir las antiguas pautas de crecimiento, la nueva infraestructura dará lugar a la ocupación de las pendientes.

DISEÑO CON LA NATURALEZA El proyecto establece un sistema infraestructural básico que incluye una autopista hasta Caracas en la cota 120, una propuesta previamente considerada en la región.

Esta conexión directa favorecería nuevos desarrollos privados en la montaña, y sería una alternativa a la vulnerable autopista de la costa. Como esta nueva autopista cruza por encima de la cuenca fluvial, una carretera secundaria parte de ella para formar un bucle de desarrollo y conectar los barrios existentes en un sistema de transporte. Un tren funicular viajaría a lo largo de la cuenca,

61

The reconfigured landscape shows the reterritorialization of the social fabric in response to both the critical self-organization of infrastructure and the flows of nature.

El nuevo paisaje muestra la reterritorialización del tejido social en respuesta a la autoorganización crìtica de la infraestructura y a los flujos naturales.

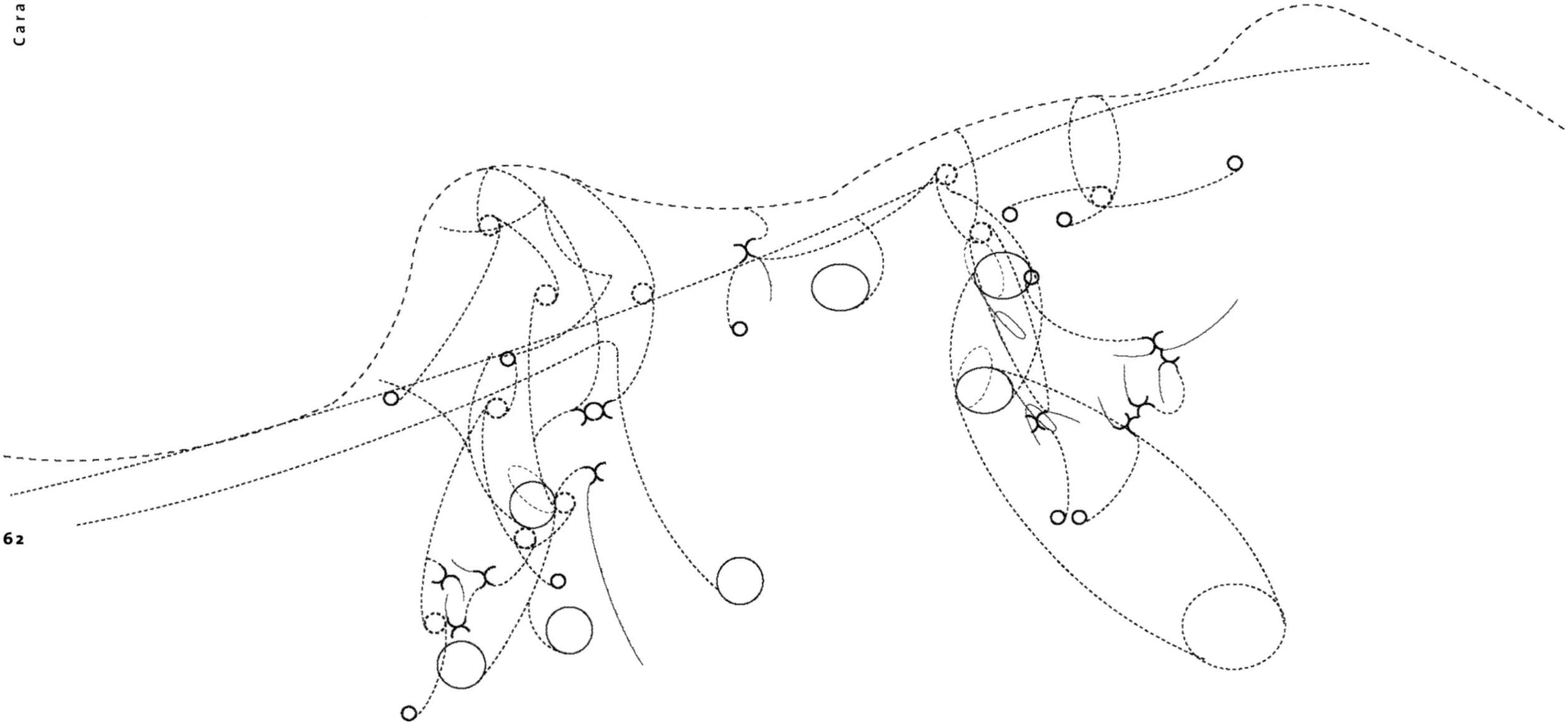

Diagramming Water and
Transportation Systems

Diagramas de los Sistemas
de Agua Potable y
Transporte

development area to the seaport. Increased water supply, a requirement for population growth, is generated by a desalination plant. The potable water produced would be pumped to numerous storage tanks that also serve as a platform for programs such as evacuation zones and public spaces on the otherwise hilly site. The area in the flood path has been set aside for temporal programs. An example of one of the temporal program is the use of a sediment catchment dam by an informal market. The delta area has been reserved for beach bungalows, while the river basin will act as a linear park, using retaining walls for such programs as outdoor movie projections. These temporal zones, used as public spaces, form a bridge between the new developments, existing barrios, and the historic fabric of La Guaira.

The new settlements require an infrastructure that operates within the context of the geophysical realities of periodic mudslides, steep topography and water shortages. An effort is made to engage any new infrastructure with multiple programs.

conectando esta carretera y el área de desarrollo con el puerto. Una planta de desalinización permite aumentar el abastecimiento de agua, un requisito básico para el aumento de la población. El agua potable producida se bombearía a numerosos depósitos de almacenaje, que tambien sirven de plataforma para programas como zonas de evacuación y espacios públicos, en un paisaje por lo demás muy accidentado. El area susceptible de ser inundada se destina a programas temporales. Un ejemplo de ello sería el uso de una presa de captación de sedimentos por parte de un mercado informal. El área del delta se ha reservado para bungalows de playa, mientras que la cuenca fluvial funciona como un parque lineal, utilizando muros de contención para programas como proyecciones de cine al aire libre. Estas zonas temporales, utilizadas como espacios públicos, forman un puente entre los nuevos crecimientos, los barrios existentes y el tejido histórico de La Guaira.

Los nuevos asentamientos requieren una infraestructura que opere dentro del contexto de las realidades geofísicas de los periódicos deslizamientos de barro, una topografía pronunciada y las restricciones de agua. Se hace un esfuerzo para utilizar cualquier nueva infraestructura con mútiples programas.

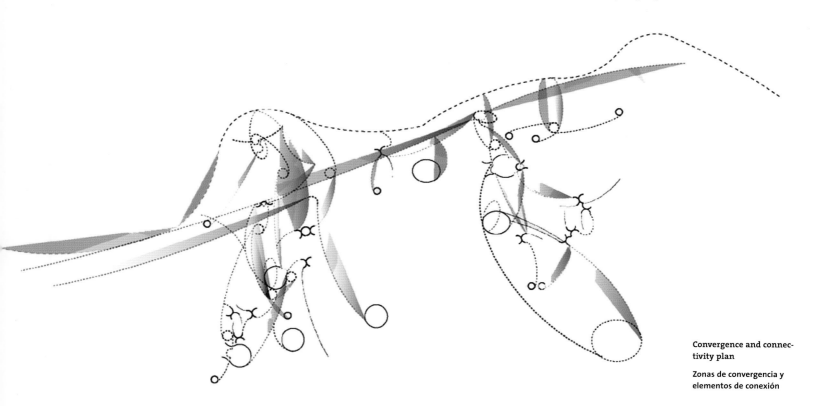

Convergence and connectivity plan

Zonas de convergencia y elementos de conexión

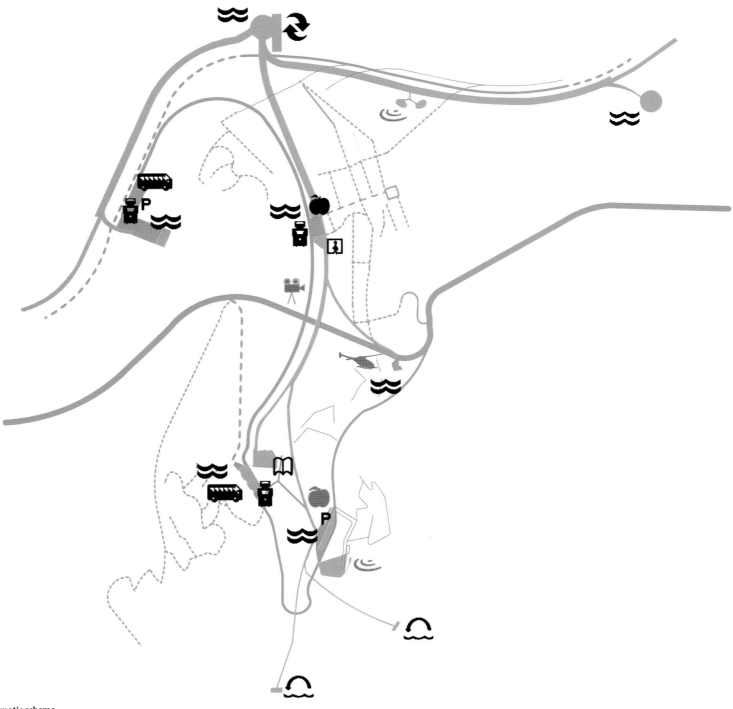

Programmatic scheme

Esquema programático

0 m   75 m   150 m   225 m   300 m   375 m   450 m   525 m   600 m   675

E15 m
+E80 m
E25 m
+E160 m
E125 m
+E175 m
E40 m +
+E200 m
+E125 m
+E320 m
+E125 m
+E200 m
E80 m +
+E125 m
E110 m +

Superimposed diagrams:
Section and urban fabric

Diagramas superpuestos:
Sección y textura urbana

Combined systems:
Potential areas for development; desalinization plant on the coastline and highway located 1 km off the coast

Sistemas combinados:
áreas de futuro desarrollo; planta desalinizadora en la costa y autopista situada 1 km al interior

65

Diagramming water and transportation systems

Diagramas de los Sistemas de Agua Potable y Transporte

Superimposed diagrams:
water supply and transportation systems. Existing and proposed expansion.

Diagramas superpuestos:
sistemas de agua potable y transporte. Red existente y expansión propuesta.

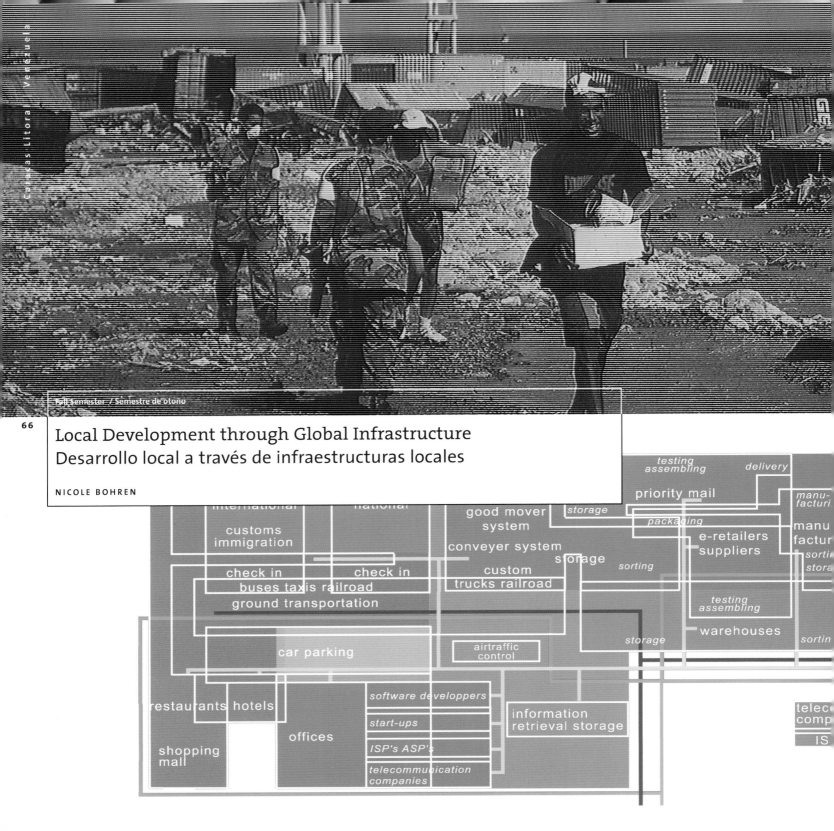

Fall Semester / Semestre de otoño

66

Local Development through Global Infrastructure
Desarrollo local a través de infraestructuras locales

NICOLE BOHREN

testing
assembling   delivery

priority mail   manu-
                                 facturi

storage
                packaging
                                 manu
good mover   factur
system   e-retailers
conveyer system   suppliers
               storage   sorti
custom   sorting   stora
trucks railroad

testing
assembling

warehouses   sortin

international   national

customs
immigration

check in   check in
buses taxis railroad
ground transportation

                        airtraffic   storage
car parking   control

                                                        telec
software developpers   comp
restaurants hotels   information
                                      retrieval storage
              start-ups   IS
offices
              ISP's ASP's

shopping   telecommunication
mall   companies

The challenge in creating new development is to spatialize the points of integration between global flows of capital and local systems. While new investment is accepted as a necessity for redeveloping Vargas, how can it be applied with reciprocal, responsible and integrative qualities? This approach follows a methodology of insertions at different scales, beginning with the global and ending with the local. A series of questions are asked at each scale: How does Venezuela fit into the global economy? How does Vargas state fit into the regional context of Venezuela? How are the resources of Vargas utilized in this regional framework? How do these new mechanisms integrate with the local systems? From this progression, the proposal addresses the process of integrating the global and the local flows of economies.

GLOBAL AND REGIONAL FLOWS OF EXCHANGE

Venezuela is posited as the ideal South American entry port country from the Caribbean and the United States. The entry port role functions can be fulfilled not just by seaports but also by a new fiber optic trunkline that traces a new global infrastructure between North and South America and a potential South American hub for air routes at Maiquetia. Having made this assertion of Venezuela's geographical potential in the global

El desafío a la hora de crear un nuevo desarrollo consiste en localizar los puntos de integración entre los flujos globales de capital y los sistemas locales. Se entiende que son necesarias nuevas inversiones para desarrollar Vargas, pero la cuestión es cómo hacerlo de una forma recíproca, responsable y e integradora. Este planteamiento sigue una metodología a base de inserciones a distintas escalas, desde la global hasta la local. Una serie de preguntas son formuladas a cada escala: ¿Qué papel tiene Venezuela en la economía global?, ¿Y el estado de Vargas en el contexto regional de Venezuela?, ¿Cómo se utilizan los recursos de Vargas en su marco regional?, ¿Cómo se integran estos nuevos mecanismos con los sistemas locales?

Desde este punto de vista, la propuesta trata el proceso de integración de los flujos económicos globales con los locales.

FLUJOS DE INTERCAMBIO GLOBALES Y REGIONALES

Venezuela se perfila como el puerto de entrada ideal a América del Sur desde el Caribe y los Estados Unidos. Esta función puede ser cumplida no sólo por los puertos de mar, sino también por el trazado de una nueva línea de fibra óptica, que se convertiría en una nueva infraestructura entre América del Norte y del Sur, y un potencial nodo de transporte aéreo en Maiquetia. Partiendo de esta localización estratégica de Venezuela, las piezas de

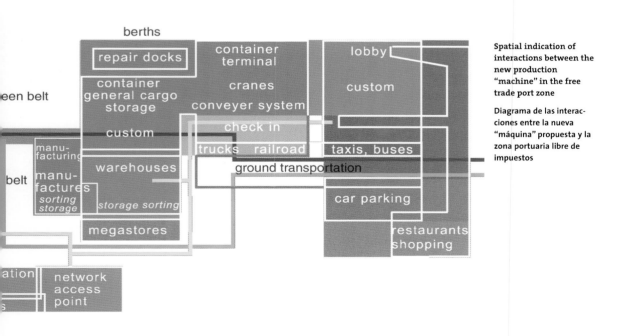

Spatial indication of interactions between the new production "machine" in the free trade port zone

Diagrama de las interacciones entre la nueva "máquina" propuesta y la zona portuaria libre de impuestos

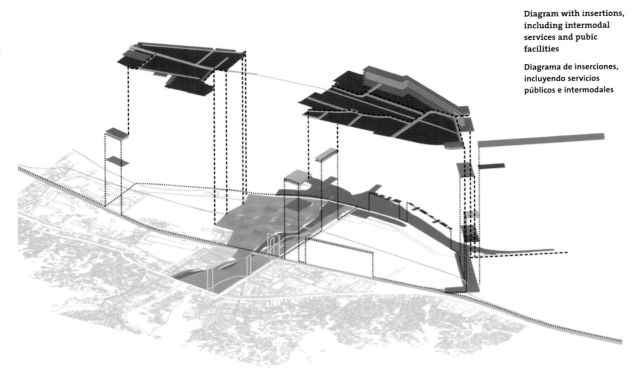

Diagram with insertions, including intermodal services and pubic facilities

Diagrama de inserciones, incluyendo servicios públicos e intermodales

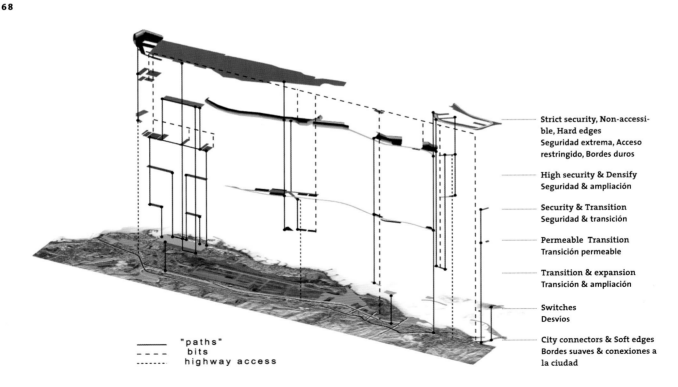

Strict security, Non-accessible, Hard edges
Seguridad extrema, Acceso restringido, Bordes duros

High security & Densify
Seguridad & ampliación

Security & Transition
Seguridad & transición

Permeable Transition
Transición permeable

Transition & expansion
Transición & ampliación

Switches
Desvíos

City connectors & Soft edges
Bordes suaves & conexiones a la ciudad

—————— "paths"
– – – – bits
·········· highway access

market, the pieces of infrastructure lying along the north coast of Venezuela emerge as important players. The density of infrastructure in Vargas requires a specialization process to fit within the regional context. La Guaira port must be understood within the regional port system linked to Puerto Cabello, the major Venezuelan port with a new train connection to Caracas. Maiquetia, the major international airport of Venezuela, must utilize its potential as a hub with clearly defined programs, such as cargo for South America. This project proposes a new railroad connecting the shipping ports and passing through Caracas and the secondary cities of Valencia and Maracay. In addition, this railroad would connect to the airport and facilitate a new cargo connection to Caracas.

MECHANISMS OF EXCHANGE: INTERVENTION IN VARGAS

The specialization of the ports calls for a need to develop a system of operations between each piece of infrastructure. The proposal creates a free trade zone with a "machine" structured along the existing coastal highway, a new local railroad and com-

infraestructura a lo largo de la costa norte del país pasarían a ser importantes actores. La densidad de infraestructura en Vargas requiere un proceso de especialización para adaptarse al contexto regional. El puerto de La Guaira debe entenderse dentro del sistema regional de puertos conectado a Puerto Cabello, el puerto venezolano m·s importante, con una nueva conexión de ferrocarril a Caracas. Maiquetia, el mayor puerto internacional de Venezuela, debe utilizar su potencial como nodo con programas claramente definidos, como el transporte de mercancías hacia América del Sur. Este proyecto propone una nueva línea de ferrocarril que conecte los puertos de mercancías, pasando por Caracas y las ciudades secundarias de Valencia y Maracay. Además, este ferrocarril conectaría hasta el aeropuerto y facilitaría una nueva conexión de mercancías a Caracas.

MECANISMOS DE INTERCAMBIO: INTERVENCIÓN EN VARGAS

La especialización de los puertos comporta a la vez la necesidad de desarrollar un sistema de operaciones entre las distintas piezas de infraestructura. La propuesta crea una zona de comercio libre,

69

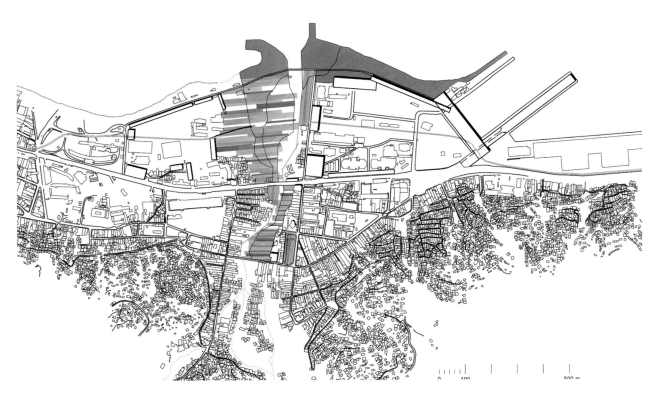

Alluvial delta with new production fields. Transition between global free trade zones and local settlements.

Areas de producción agrícola en los conos de eyección. Transición entre la zona libre de impuestos y los asentamientos locales.

The connections between airport, cyberport and seaport with an emphasis on boundaries and transitions.

La conexión entre puerto, aeropuerto y ciberpuerto hace especial hincapié en los bordes y transiciones.

munication lines provided by the fiber optics. The machine incorporates the flexibility to plug in new commercial and production units while redirecting the potential outcomes of each piece.

INTEGRATING MECHANISMS WITH THE LOCAL LANDSCAPE

The transition between the global exchange occurring at the ports and the local flows occurring on the southern side of the coastal highway is treated with two distinct design techniques. The first approach incorporates a green belt that buffers the activities and creates a public space usable for Vargas residents and workers. The second approach directly stitches together the two flows through the creation of "production fields" in the alluvial delta. The programs include small-scale agriculture and activities that are temporal in nature, thus fitting with the nature of a potential hazard area for mudslides. These fields, provided by the multinational corporations operating around the ports, usable by the community and jointly maintained, become a new transitional zone between the free trade zone and the settlements.

While economic integration between the global and local economies will occur through employment, this proposal seeks to spatialize this integration as well. The emphasis on the spatial implications of global flows is part of a systemic consideration for how global and local flows can work together.

con una ëm·quinaí estructurada a lo largo de la existente autopista de la costa, una nueva línea de ferrocarril local y líneas de comunicación de fibra óptica. Esta m·quina es suficientemente flexible para poder conectarle nuevas unidades comerciales y de producción, a la vez que redirige los resultados potenciales de cada una de las partes.

INTEGRANDO MECANISMOS CON EL PAISAJE LOCAL

La transición entre el intercambio global, que tiene lugar en los puertos, y los flujos locales, en la parte sur de la autopista de la costa, es tratado con dos estrategias de diseño distintas. El primer planteamiento contempla un cinturón verde que separa las distintas actividades y crea un espacio público utilizable por los residentes y trabajadores de Vargas. En el segundo, los dos flujos son cosidos mediante la creación de "campos productivos" en el delta aluvial. Los programas incluyen agricultura y actividades de pequeña escala y car·cter temporal, acorde con el potencial peligro de deslizamientos. Estos campos, pagados por las corporaciones multinacionales que operan en los puertos y utilizables por las comunidades, son mantenidos conjuntamente y se convierten en una nueva zona de transición entre la zona de libre comercio y los asentamientos.

Mientras que la integración económica entre la economía global y la local tendr· lugar a través del empleo, esta propuesta intenta definir el espacio físico de esta integración. La preocupación por las implicaciones espaciales de los flujos globales forma parte de una consideración sistem·tica sobre cómo integrar los flujos globales con los locales.

71

La Guaira: Region showing barrio settlements on the slopes and formal development in the alluvial fan along the coast.

La Guaira: Barrios en el área montañosa y desarrollos formales en el cono de eyección y a lo largo de la costa.

Fall Semester / Semestre de otoño

Urban Generators Network
Red de generadores urbanos

KYUNGHO OH

Local urban generator bridging colonial and barrio fabric while serving as infrastructure to divert potential mudslides

El generador urbano local sirve de puente entre el área colonial y los barrios, además de formar parte de la infraestructura para redirigir futuros deslizamientos

This project proposes a legitimization of the informal sector of Vargas State through a reorganization of the urban fabric. It focuses on the area of La Guaira, which contains one of the few Venezuelan towns with the remaining Spanish colonial grid, one of the country's main ports and a large barrio development. The project defines La Guaira's current urban fabric as a continuous blend of formal and informal settlements that grew as part of the historical process of coastal growth since the town's establishment in 1588. Located in the alluvial fan of the Osorio river, the town was considerably damaged during the mudslides of December 1999. This proposal goes beyond the process of "re-beautification" to address the possibility of new population density through building interventions within La Guaira.

METHODOLOGY Through a close analysis of the remaining urban fabric of La Guaira, the proposal identifies the overlaps between different urban morphologies by their physical adjacency to existing transport infrastructure. Defined as "merging areas" the areas of overlap become sites of development that integrate the different urbanisms, generate new economic activity, and reconfigure urban systems by upgrading infrastructure.

LOCAL INTERVENTIONS At the scale of La Guaira the project proposes a network of block and building-scale interventions within the existing fabrics. These sites bring together the different morphologies. Currently, both roads and the river basins act as boundaries between the different urban fabrics. These new sites, located near the transport infrastructure, will allow the

Este proyecto propone la legitimización del sector informal del Estado Vargas mediante la reorganización del tejido urbano. Se centra en el área de La Guaira, donde se encuentra uno de los pocos n'cleos Venezolanos donde la retìcula colonial española todavìa permanece evidente, junto con uno de los mayores puertos del país y extensos desarrollos de barrios. Este proyecto define el tejido urbano de La Guaira como una continua mezcla de asentamientos formales e informales que crecieron como parte del histórico proceso de densificación de la costa desde el establecimiento de la población en 1588. Ubicado en el cono de eyección del río Osorio, el pueblo de La Guaira sufrió daños considerables durante los deslizamientos de diciembre de 1999. Esta propuesta busca ir mas allá del proceso de embellecimiento, y propone redensificar el área a través de intervenciones dentro del área histórica de La Guaira.

METODOLOGíA A partir de un análisis del tejido urbano existente en La Guaira, la propuesta identifica las superposiciones de las diferentes morfologías urbanas según su proximidad a la infraestructura de transporte existentes. Definidas como "áreas de convergencia", estas zonas de superposición se convierten en los lugares para el futuro desarrollo, con la finalidad de integrar los distintos urbanismos, generar nuevas actividades económicas y reconfigurar los sistemas urbanos mediante mejoras de las infraestructuras.

INTERVENCIONES LOCALES En La Guaira, este proyecto propone una red de intervenciones a la escala de las cuadras y los edificios dentro del tejido urbano existente. Estas intervenciones tienen la función de integrar las distintas morfologías. Actualmente, tanto las carreteras como las cuencas de los ríos actúan como fronteras entre los distintos tejidos urbanos. Estos nuevos lugares, situados

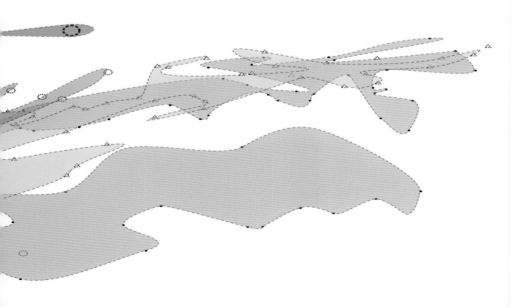

Vulnerable settlements
in the mudslide paths

Asentamientos
vulnerables en las vías
del deslave

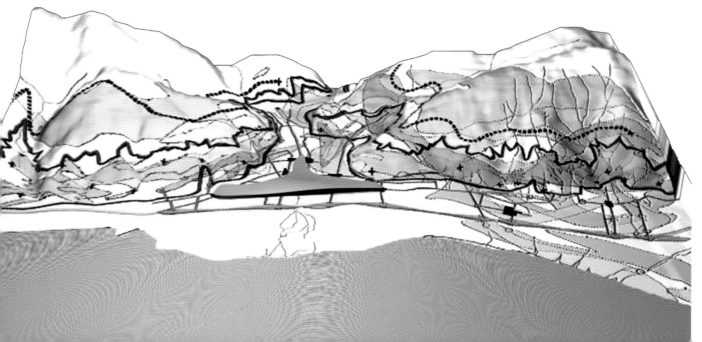

Tracing of mudslide
path, local road net-
work with adjacent
"merging areas"

Huellas del deslave, red
de calles locales adya-
cente a las "zonas de
convergencia"

roads to bridge rather than separate the communities.

These sites will also be catalysts for future growth. By creating a programmatically flexible structure that provides new housing and services, public space, as well as temporary housing for disaster survivors, the intervention acts as a new urban generator. Businesses will begin to emerge that provide for the adjacent communities of the barrios and the old colonial town.

This new block typology will also reconfigure the existing conditions by providing new roads, the infrastructure necessary to prevent destruction from future mud flows, and rearrangements at the barrio scale. In contrast to the main road system, which was initially defined as boundaries for urban growth, the proposed network will become a self-organizing device where new sub-systems can be plugged in to allow for a more diverse and regulated process of urbanization.

cerca de las infraestructuras de transporte, permitirán a las carreteras unir las distintas comunidades, en lugar de separarlas. Estos lugares son también catalizadores de futuro crecimiento. La intervención se convierte en un nuevo generador urbano, creando estructuras programáticamente flexibles que puedan proveer nuevas viviendas y servicios, espacio público, y también vivienda temporal para los supervivientes del desastre. El crecimiento de negocios serviría tanto los barrios como la antigua ciudad colonial. Con nuevas carreteras, la infraestructura necesaria para prevenir la destrucción debida a futuras avalanchas de barro, y reajustes a la escala del barrio, esta nueva tipología de cuadra también reconfigurará condiciones existentes. En oposición al principal sistema de carreteras, diseñado inicialmente como una frontera al desarrollo urbano, la red propuesta se convertirá en un elemento auto-organizador, donde nuevos subsistemas se pueden conectar para permitir un proceso de urbanización más diverso y regulado.

Zones showing national park limit, settlement area, and alluvial delta with the road infrastructure

Zonificación mostrando el límite del parque nacional, el área de los asentaminetos, los conos de eyección y la infraestructura vehicular

Zones of barrio and formal settlements, national park, alluvial delta, coastal highway with potential nodes of interaction

Zonas de barrios y asentamientos formales, parque nacional, deltas aluviales, autopista costera con potenciales nodos interactivos

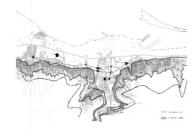

Plan with merging areas, intersection locations in the barrios, and delineation of formal and informal settlement patterns

Planta con áreas de convergencia, localización de las intersecciones en los barrios y delimitación de los patrones de asentamientos formales e informales

Plan with merging areas and intersection locations in the barrios

Planta con áreas de convergencia y localización de las intersecciones en los barrios

The spatial relation and interaction between Vargas attractors of airport, seaport, and recreation facilities

Relación espacial e interacción entre magnetos del Estado Vargas (Puerto, Aeropuerto) y sitios de esparcimiento

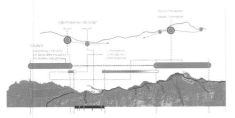

Local urban generator bridging colonial and barrio fabric while serving as infrastructure to divert potential mudslides

El generador urbano local sirve de puente entre el área colonial y los barrios, además de formar parte de la infraestructura para redirigir futuros deslizamientos

Piedra Azul river basin

La cuenca del rio Piedra Azul

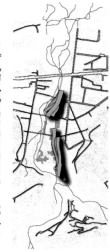

Piedra Azul river basin with informal barrio settlements highlighted

La cuenca del rio Piedra Azul con los asentamientos informales señalados

Regional plan of Piedra Azul river basin highlighting existing barrios and vulnerable settlements

Plan regional para la cuenca del rio Pedra Azul, señalando los barrios exisitentes y los asentamientos vulnerables

Piedra Azul river basin locating the vulnerable settlements in the path of the mudslide with site of urban generator outlined

La cuenca del rio Piedra Azul con los asentamientos vulnerables al paso de los deslaves y el generador urbano situados

Section through urban generator as site for new services, public space, and economic development

Sección del generador urbano como lugar para nuevos servicios, espacio público y desarrollo económico

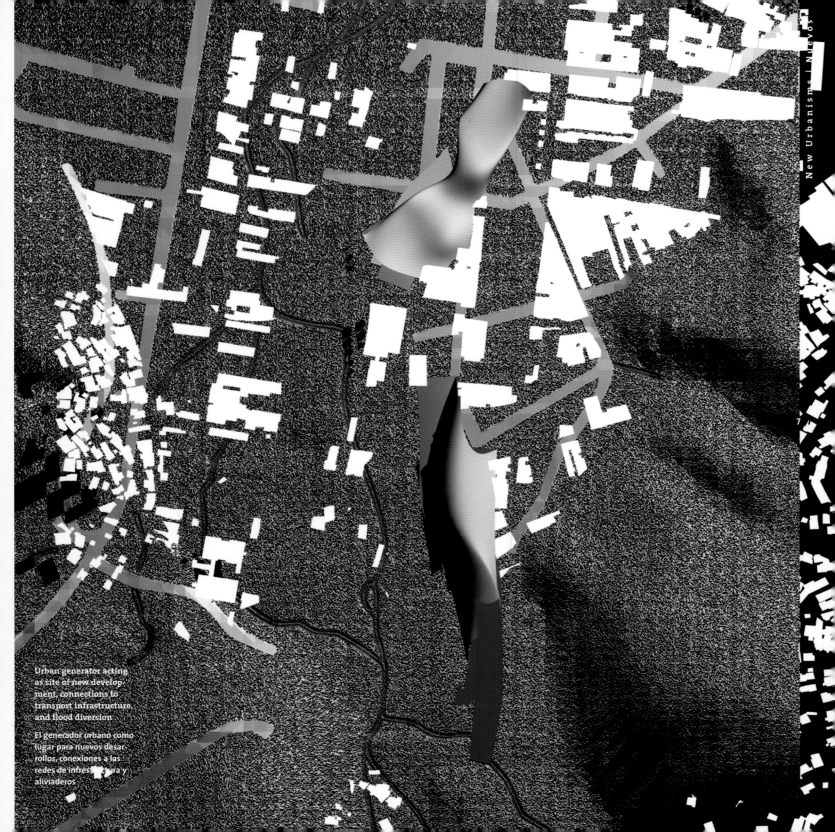

New Urbanism | Nuevos

Urban generator acting
as site of new develop-
ment, connections to
transport infrastructure,
and flood diversion

El generador urbano como
lugar para nuevos desar-
rollos, conexiones a las
redes de infrastructura y
aliviaderos

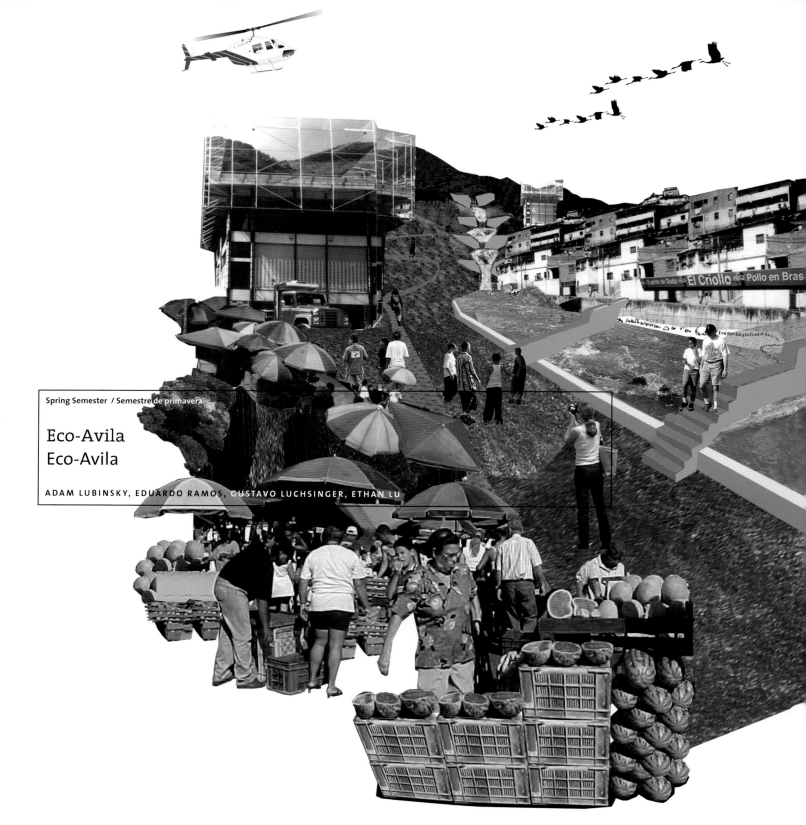

Spring Semester / Semestre de primavera

Eco-Avila
Eco-Avila

ADAM LUBINSKY, EDUARDO RAMOS, GUSTAVO LUCHSINGER, ETHAN LU

The Avila Mountain, separated from the city by a line drawn at 120 meters above sea level, hovers over the region as a nature sanctuary protected from human settlement. During the mudslides of December 1999, thousands of tons of rocks, trees, and debris cascaded from the Avila Mountain through its many riverbeds onto the settled areas of Vargas. The flows along the river courses extended the legal park boundary to physically connect Vargas with the mountain. Rather than envisioning the Avila as an unapproachable preserve, this project sees the Avila as an ecologically oriented infrastructure that can unite the disparate elements of the region.

Barrio settlers, searching for buildable land, are inevitably pushed onto the steep slopes along road infrastructure and water supply lines. Settlers have invaded areas inside the Avila Park, further weakening their hopes of land tenure. The new Eco-Avila would provide the barrios with economic development through eco-tourism and leisure routes from Caracas, access to the coast along river parks, and legal building plots created along the Avila boundary. A soft boundary would incorporate agriculturally productive terraces that unite the barrio in planting activities and protect the park from further invasion.

The boundary between the Avila Park and settlement area is determined by grade. Steep slopes act as a natural border while less steep slopes are treated with a series of interventions, such as agricultural terraces, soil retention strips, railway, and park entrances. The agricultural terraces are created in conjunction with an educational and community center that gives cohesiveness to the new sites and services development. Each river basin is utilized as a module for development.

La montaña El Avila, separada de la ciudad por una línea trazada a 120 metros sobre el nivel del mar, flota por encima la región como un santuario natural protegido de la ocupación humana. Durante los deslizamientos de barro de diciembre de 1999, miles de toneladas de rocas, Arboles y escombros se precipitaron desde El Avila hacia las areas pobladas de Vargas. Los deslizamientos a lo largo de los cursos fluviales extendieron el límite legal del parque hasta conectar físicamente Vargas con la montaña. En lugar de concebir El Avila como una reserva intocable, este proyecto ve la montaña como una infraestructura ecológica que puede unir los elementos dispares de la región.

Los habitantes de los barrios, en su búsqueda de terreno edificable, son inevitablemente empujados hacia las fuertes pendientes a lo largo de las carreteras y líneas de abastecimiento de agua. Han llegado incluso a invadir áreas del Parque El Avila, disminuyendo aún más sus esperanzas de poseer terreno. La nueva "Eco-Avila" potenciaría el desarrollo económico de los barrios gracias al eco-turismo, a nuevas rutas de esparcimiento desde Caracas y accesos a la costa a lo largo de los parques fluviales, y a la creación de nuevas parcelas edificables legales a lo largo de la frontera de El Avila. Un límite "suave" incorporaría terrazas para la producción agrícola que unirían el barrio en actividades de plantación y protegerían el parque de posterior urbanización.

La frontera entre el Parque El Avila y el área habitable es definida por la pendiente. Los desniveles pronunciados funcionan como barreras naturales, mientras que las pendientes más suaves son tratadas con una serie de intervenciones, tales como terrazas agrícolas, bandas de retención de tierra, vías férreas y entradas al parque. Estas terrazas agrícolas son desarrolladas junto con un centro educativo y de la comunidad que da cohesión a los nuevos lugares y favorece su desarrollo.

Cada cuenca fluvial es utilizada como módulo de desarrollo. Desde El Avila hasta la línea de la costa, el módulo abarca los distintos usos del suelo, desde la propiedad inmobiliaria de primera a lo

Understanding site stability required mapping the hazard zones in the slope, the shifts in sediments, and the flow paths. Despite the indication of some hazardous zones of the steepness of the mountain, the slopes represent potential safe building areas.

Para entender la estabilidad de lugar se requirió identificar las zonas de peligro existente en las pendientes, los cambios en los sedimentos y las direcciones de los flujos. A pesar de señalar algunas zonas con pendiente como peligrosas, las vertientes tienen potencial como áreas edificables.

Seaport industry
Industria portuaria

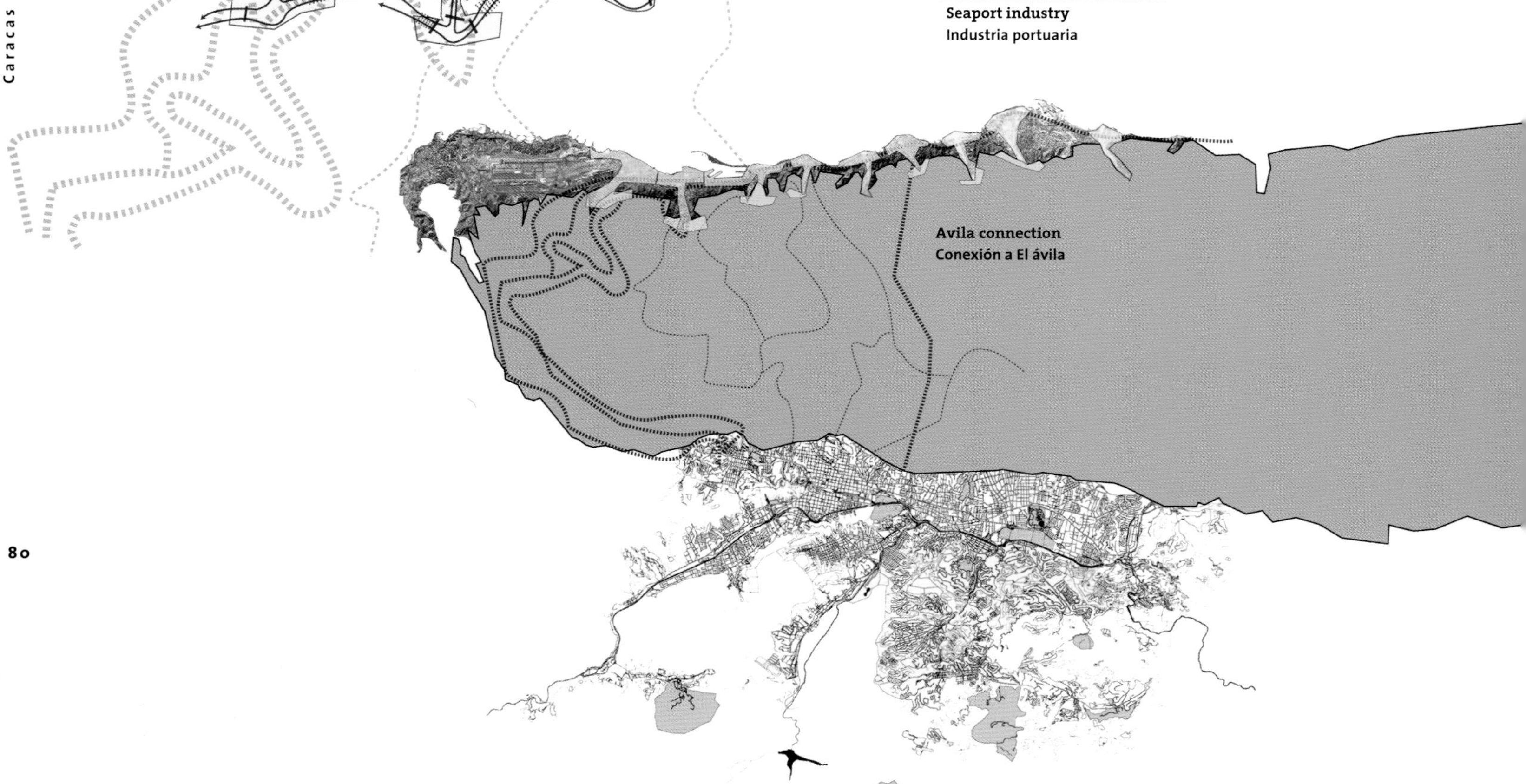

Avila connection
Conexión a El ávila

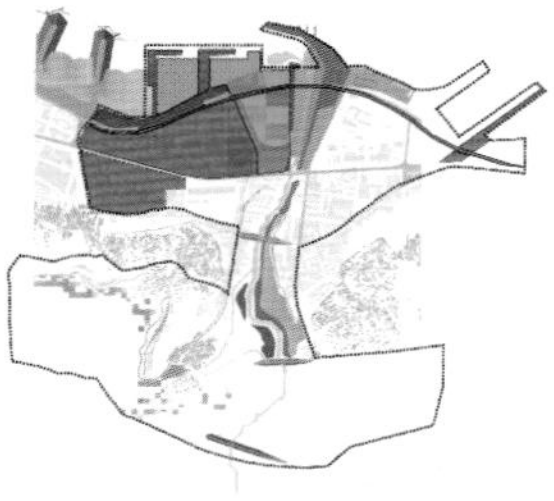

Beaches, hotels,
aquaculture

Playas, hoteles,
cultivos acuaticos

Desalination plant,
sewage treatment

Planta desalinizadora,
planta de tratamiento
de aguas servidas

Recycling and re-use
dikes channels
bridges stairs

Reciclaje de presas,
canales, puentes,
escaleras

Flood prevention and
connection rail station-
terraces-sites and services

Prevención de inundaciones,
conexion a la estacion de
tren, lugares y servicios

Running from the Avila to the coastline, the module encompasses the disparate land uses, from the prime real estate along the coast to the less-developed area beside the park. The strategy the Vargas coastline is to develop these modules and link them together.

The sale of valuable waterfront land uses a phasing scheme with cross-subsidization to trigger improvements at the higher elevation. The coastal highway, flood prevention channels and dikes are built and maintained through weekend tolls on the beachgoers from Caracas.

The design strategy proposes working with the river basin module along three "seams":
• the coastal seam that integrates the sea with waterfront development; • the river seam that provides connection across the river basin and stairs down from the barrios to parks along the river; and • the park seam that creates a soft boundary between the Avila park and barrios while providing local agricultural production.

Reactivation of existing roads and old railroad over the mountain, and repairing the deteriorated highway would aid weekend migration to the Vargas beaches and the Avila Park. The potential for new eco-tourism underlies the low-impact regional approach for transport connections and contrasts major tunnel and highway proposals currently offered.

largo de la costa hasta las áreas menos desarrolladas al lado del parque. La estrategia para la costa de Vargas se basa en desarrollar estos módulos y establecer conexiones entre ellos.

La venta de terreno de valor en la costa se lleva a cabo por fases, con subvenciones para catalizar mejoras en las zonas de montaña. La autopista de la costa, los canales para la prevención de inundaciones y los diques son construidos y mantenidos gracias a los peajes que la gente de Caracas paga para ir a la playa los fines de semana.

La estrategia de diseño propone trabajar con el módulo de la cuenca fluvial a lo largo de tres "costuras":
•la costura marítima, que integra el mar con el desarrollo costero.
•la costura fluvial, que facilita la conexión a través de la cuenca fluvial y proporciona escaleras desde los barrios hasta los parques a lo largo del río, y•la costura del parque, que crea un límite "suave" entre el Parque El Avila y los barrios, facilitando al mismo tiempo la producción agrícola local.

La reactivación de las carreteras existentes y de la antigua vía férrea que cruza la montaña, y la reparación de la autopista deteriorada facilitarían la migración de fin de semana a las playas de Vargas y el parque El Avila. El potencial para un nuevo eco-turismo es la base de un enfoque regional de bajo impacto de las conexiones de transporte, contrastando con los importantes túneles y autopistas actualmente propuestos.

— Sea/Mar
— Alluvial deltas/deltas despues del deslav
— Urban area/Zona urbana
— Rivers/Rios
— Avila park/Parque del Avila
— Capital city/Ciudad capital

82

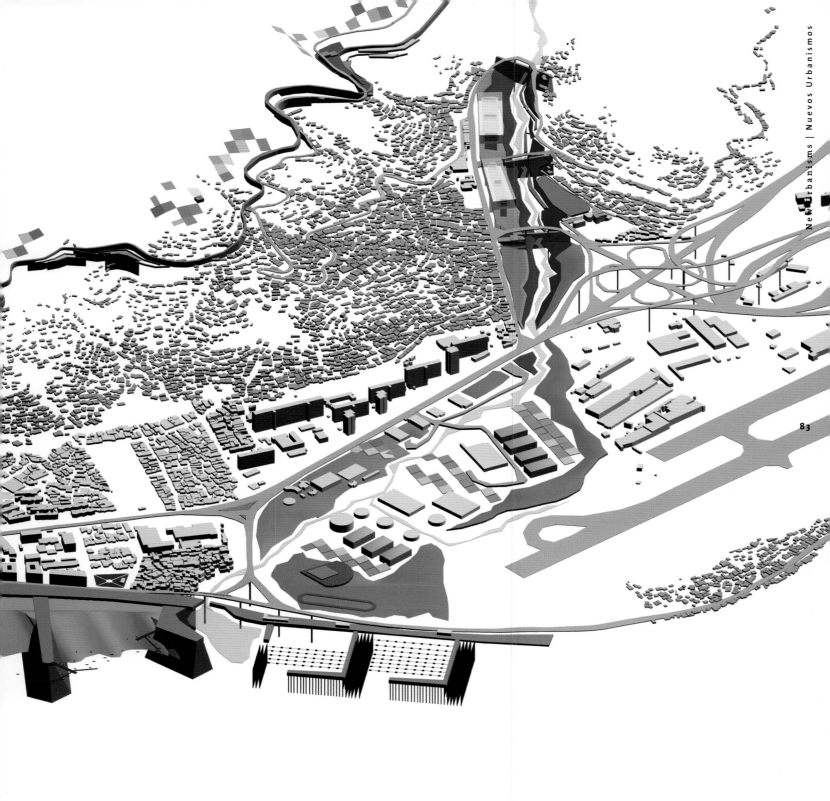

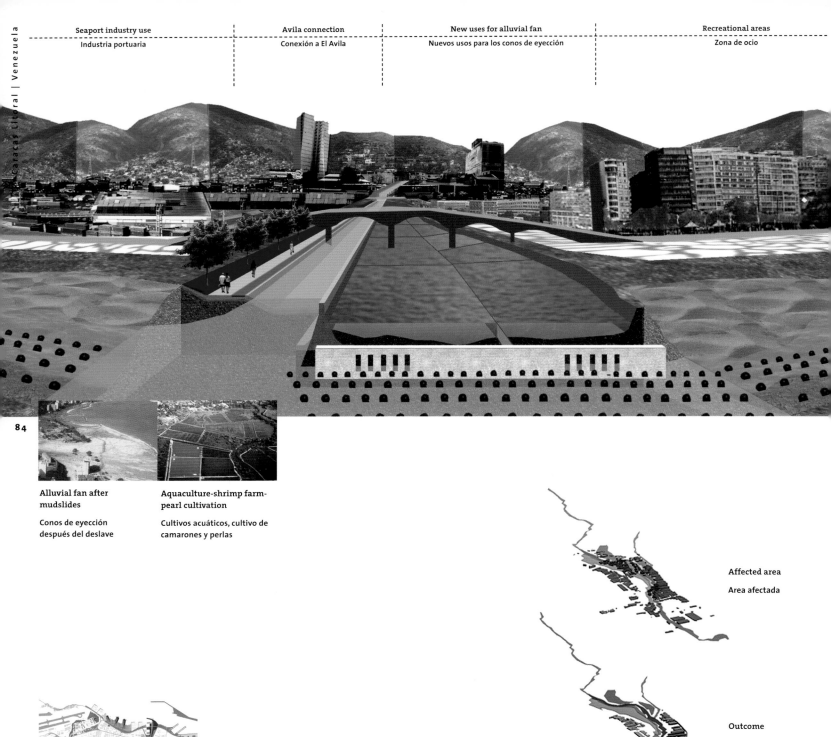

Caracás Litoral | Venezuela

| Seaport industry use | Avila connection | New uses for alluvial fan | Recreational areas |
| Industria portuaria | Conexión a El Avila | Nuevos usos para los conos de eyección | Zona de ocio |

8 4

Alluvial fan after mudslides

Conos de eyección después del deslave

Aquaculture-shrimp farm-pearl cultivation

Cultivos acuáticos, cultivo de camarones y perlas

Key Map

Clave

Affected area

Area afectada

Outcome

Resultado

steep/empinada
graded/aterraceada
affected/afectada

Open dike retain large sediments

Las presas abiertas retienen grandes sedimentos

Terraced dikes grade the slope and slow sediment flow

Las presas aterrazadas suavizan las pendientes y disminuyen el flujo de sedimentos

Retaining wall prevents solid sediment from falling into river basin

Un muro de contención previene la caida de sedimentos sólidos a la cuenca de los rios

Dike system

Sistema de diques

Key Map

Clave

Recreational
beaches, Vargas

Playas recreacionales,
Estado Vargas

Copacabana, Rio de
Janeiro, Brazil

Copacabana, Rio de
Janeiro, Brasil

Site of wastewater treatment plant

Lugar para planta de tratamiento de aguas servidas

Coastal road

Avenida de la costa

Existing housing

Viviendas existentes

Site of wastewater treatment plant

Lugar para la planta de tratamiento de aguas residuales

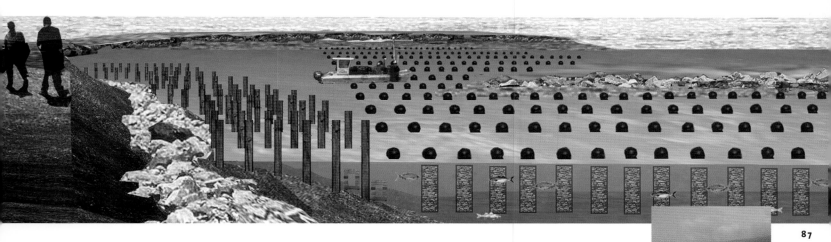

87

Beaches after floods,
Vargas

Playas despues del
diluvio, Estado Vargas

Recreational park subterranean tertiary treatment plant
to process sludge for greenhouse use

Parque recreacional, planta terciaria subterránea para
procesar aguas servidas de uso en invernaderos

Sludge processing and fertilizer packaging

Procesamiento de aguas servidas y empaque de fertilizantes

Coastal road

Avenida de la costa

Existing housing

Viviendas exisitentes

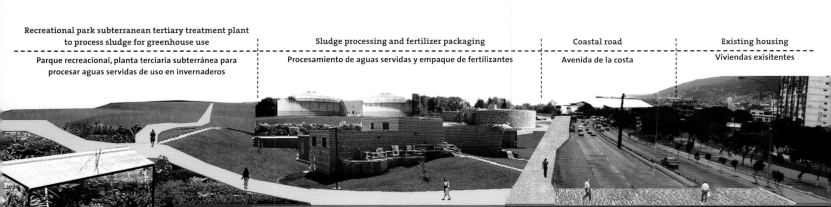

Key Map
Clave

Sewage plant with park above

Planta de tratamiento de aguas servidas debajo de un parque

Small markets:
-obtained through land lottery
-provide opportunity for local businesses

Mercados pequeños:
-se otorgan a traves de una loteria
-proveer oportunidad para pequenos negocios

Continuous natural corridors:
-provide wildlife movement along and up to the Avila

Corredores naturales contínuos:
-proveer cambios en la fauna a lo largo y El Avila

Costal area in the Litoral

Area costera en el Litoral

Battery Park South Cove, New York, USA. Collaboration between environmental design and wildlife

Battery Park South Cove, Nueva York, EEUU. Colaboración entre diseño ambiental y fauna

Phase 2 recycling and re-use

Fase 2 reciclaje y reuso

Man-made jetties:
-breaks ocean waves to create
recreational beaches

Rompeolas creados por el hombre:
-rompen olas para crear playas
recreacionales

Oyster reef:
-filters 25 gallons of sea
water per day

Arrecifes de ostras:
-filtran 25 galones de agua
salada por día

Man-made pilings:
attract bird species and provide
protection for fish species

Pilares hechos por el hombre:
atrae especies de pajaros y provee
proteccion a especies de peces

Fish boxes:
-creates spawning
opportunities

Cultivo de peces:
-crea oportunidades de
cultivos de huevas

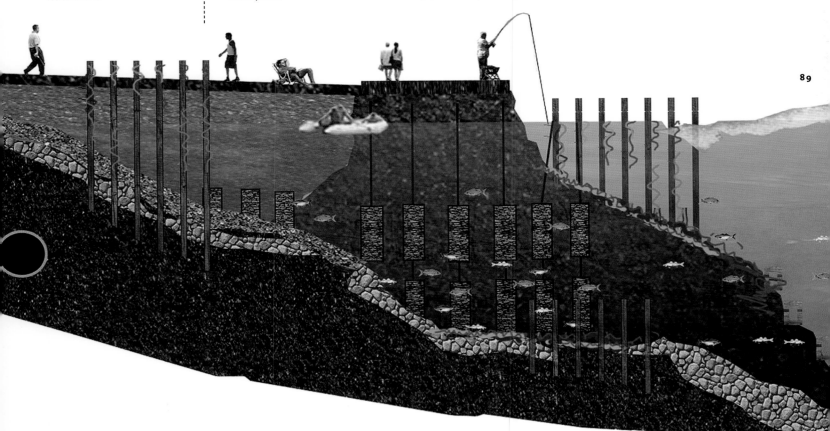

Key Map
Clave

Caracas Litoral | Venezuela

El Avila

Terraced agricultural boundary
Límite hecho por cultivos terraceados

Existing barrios
Barrios existentes

90

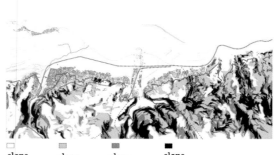

☐	☐	☐	■
slope pendiente 0°–29°	slope pendiente 30°–39°	slope pendiente 40°–49°	slope pendiente +50°

Community involvement
in agricultural
production

Participación comunotaria
en la producción agrícola

4 x 4 Vehicular Trails
at El Avila,

Caminos para
camionetas 4 x 4

"Soft" Boundary
Límites "suaves"

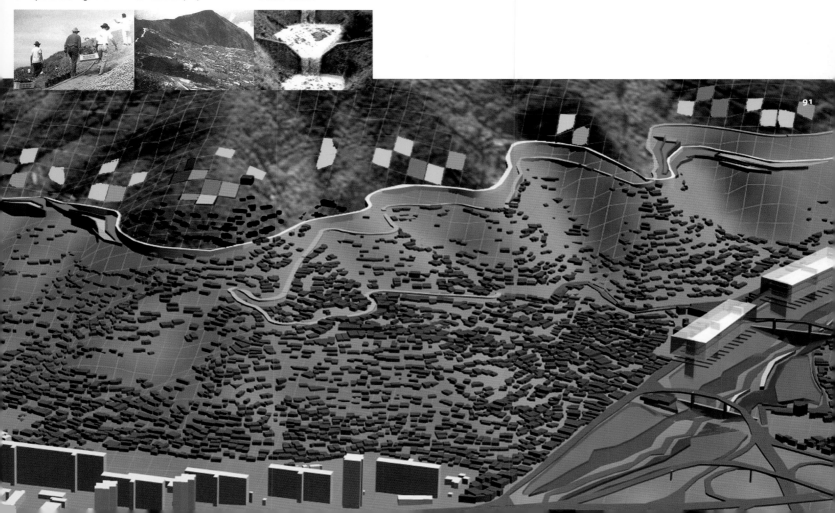

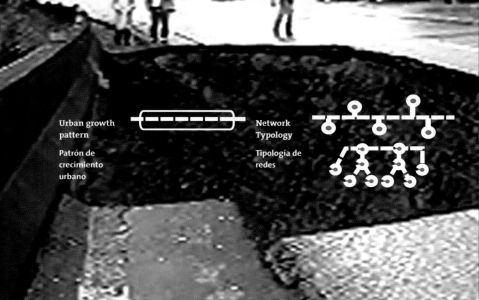

Fall Semester / Semestre de primavera

Rejuvenating Vargas: New Information Technology Infrastructure
Rejuveneciendo el estado Vargas: Nueva infraestructura de tecnología informática

VASIN THANMMANUBAN, CHU KAI WEI, FU-HSIUNG HSU

Urban growth pattern

Patrón de crecimiento urbano

Network Typology

Tipología de redes

New ways of life are shaped by new information technologies. These technologies touch upon all aspects of our lives, from politics and culture to urban design. Many cities, such as Hong Kong and Malaysian Cyberjaya, are searching for ways to integrate themselves into this new urban order and, in doing so, establish their presence within the global community.

This proposal is driven by the desire to use information technology to expand communication and to influence a new collectivism propelled by individual creativity. Through re-appropriating the existing transportation infrastructure for the distribution of information technology and creating a telecommunications network, this proposal attempts to establish La Guaira as a high-tech center. To achieve this goal, a triggering system will be created that allows for a combination of public and private spaces, interests, and investments. The program will include a data center, intelligent office buildings, hotels, parks, and housing.

Las nuevas tecnologías de la información están posibilitando nuevas formas de vida. Estas tecnologías afectan todos los aspectos de nuestras vidas, desde la política y la cultura al diseño urbano. Muchas ciudades, como Hong Kong y Ciberjaya, en Malasia, buscan la forma de integrarse en este nuevo orden urbano y, al mismo tiempo, establecer su presencia dentro de la comunidad global. Esta propuesta se basa en el deseo de utilizar las tecnologías de la información para ampliar la comunicación y propiciar una nueva colectividad, impulsada por la creatividad individual. Re-apropiándose de las infraestructuras de transporte existentes para la distribución de tecnologías de la información y creando redes de telecomunicaciones, esta propuesta intenta establecer La Guaira como un centro de alta tecnología. Con este fin, se crea un sistema catalizador que permita la combinación de espacios públicos y privados, intereses e inversiones. El programa incluye un centro de datos, edificios de oficinas inteligentes, hoteles, parques y viviendas. Debido a la poca diversidad de usos y al diseño monótono, La

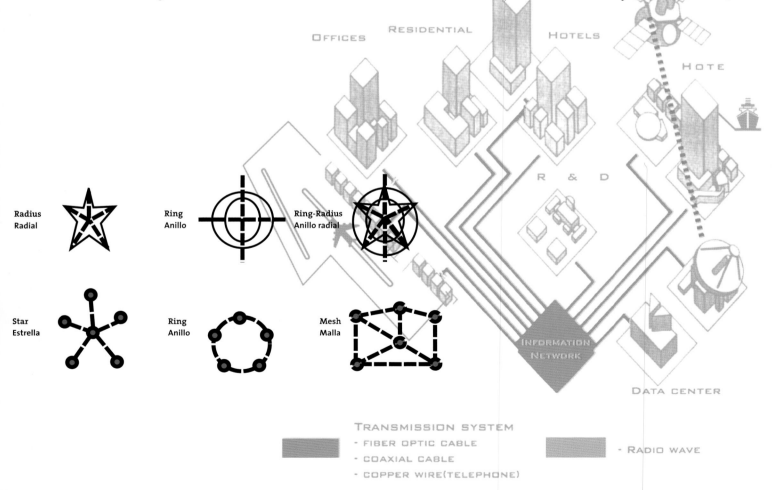

Radius
Radial

Ring
Anillo

Ring-Radius
Anillo radial

Star
Estrella

Ring
Anillo

Mesh
Malla

OFFICES   RESIDENTIAL   HOTELS   HOTE

R & D

INFORMATION NETWORK

DATA CENTER

TRANSMISSION SYSTEM
- FIBER OPTIC CABLE
- COAXIAL CABLE
- COPPER WIRE (TELEPHONE)

- RADIO WAVE

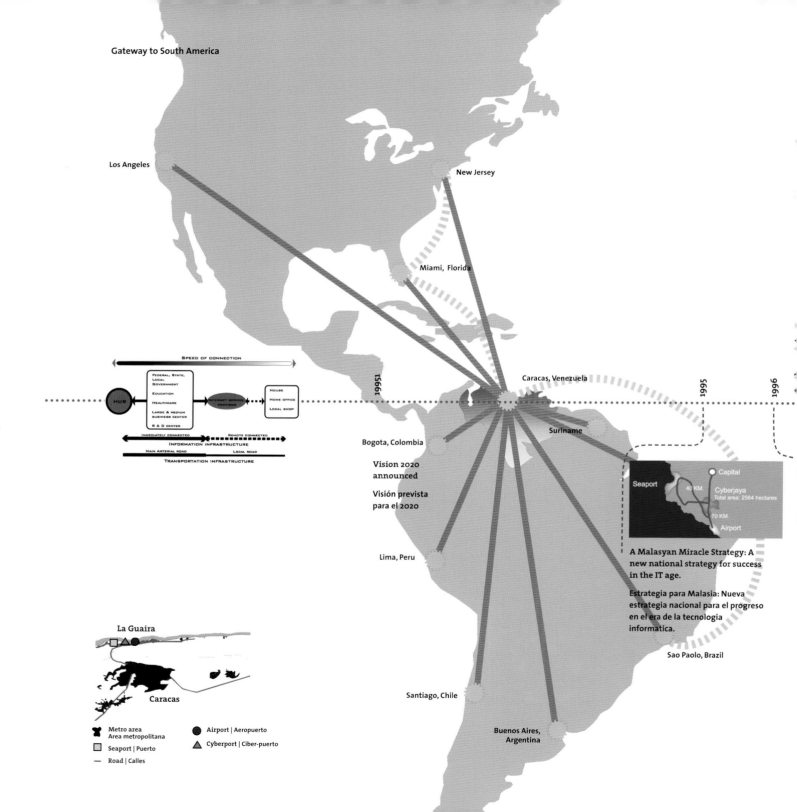

Gateway to South America

Los Angeles

New Jersey

Miami, Florida

SPEED OF CONNECTION

HUB

FEDERAL, STATE,
LOCAL
GOVERNMENT

EDUCATION

HEALTHCARE

LARGE & MEDIUM
BUSINESS CENTER

R & D CENTER

INTERNET SERVICE
PROVIDER

HOUSE

HOME OFFICE

LOCAL SHOP

IMMEDIATELY CONNECTED · REMOTE CONNECTED
INFORMATION INFRASTRUCTURE

MAIN ARTERIAL ROAD · LOCAL ROAD
TRANSPORTATION INFRASTRUCTURE

94

Caracas, Venezuela

1995

1995

1996

Suriname

Bogota, Colombia

**Vision 2020
announced**

**Visión prevista
para el 2020**

Seaport

40 KM.

Capital

Cyberjaya
Total area: 2564 hectares

70 KM.

Airport

Lima, Peru

**A Malasyan Miracle Strategy: A
new national strategy for success
in the IT age.**

**Estrategia para Malasia: Nueva
estrategia nacional para el progreso
en el era de la tecnologia
informatica.**

Sao Paolo, Brazil

La Guaira

Caracas

Santiago, Chile

Buenos Aires,
Argentina

Metro area
Area metropolitana

Seaport | Puerto

Road | Calles

Airport | Aeropuerto

Cyberport | Ciber-puerto

Because of its mono-functional use and monotonous design, La Guaira lacks a rich urban infrastructure. As a result of using private investments, a center for incubator offices will be established in the east side of the existing fiber optic hub. The center's form will insert new developments into the infrastructure of the existing fabric. The underlying trunk for information infrastructure on the main street will trigger abundant commercial activities inside the cyberport. The Main Street will provide not only connections, but also essential green corridors that will conform to pubic and private spaces. Innovative high-density buildings will accommodate new and varied programming, and will create a flexible utilization of the urban fabric.

Guaira carece de una infraestructura urbana variada. Se establecerá un centro para incubadoras de oficinas al este del nodo de fibra óptica existente a partir de inversiones privadas. La forma de este centro permitirá inserir nuevos desarrollos en el tejido existente. La conexión de infraestructura de información en la Calle Mayor catalizará abundantes actividades comerciales en el ciberpuerto. La Calle Mayor establece los esenciales corredores verdes que conformarán los espacios públicos y privados. Innovadores edificios de alta densidad permitirán acomodar nuevos y variados programas, facilitando un uso flexible del tejido urbano.

95

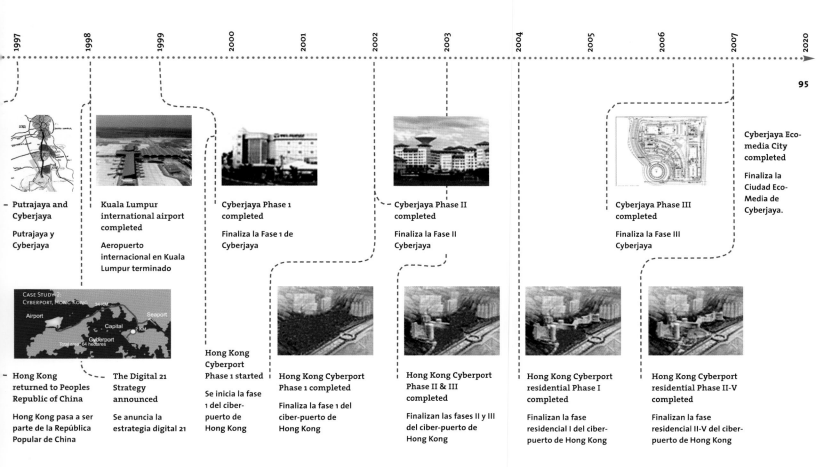

Timeline: 1997 – 2020

Putrajaya and Cyberjaya
Putrajaya y Cyberjaya

Hong Kong returned to Peoples Republic of China
Hong Kong pasa a ser parte de la República Popular de China

Kuala Lumpur international airport completed
Aeropuerto internacional en Kuala Lumpur terminado

The Digital 21 Strategy announced
Se anuncia la estrategia digital 21

Cyberjaya Phase 1 completed
Finaliza la Fase 1 de Cyberjaya

Hong Kong Cyberport Phase 1 started
Se inicia la fase 1 del ciber-puerto de Hong Kong

Hong Kong Cyberport Phase 1 completed
Finaliza la fase 1 del ciber-puerto de Hong Kong

Cyberjaya Phase II completed
Finaliza la Fase II Cyberjaya

Hong Kong Cyberport Phase II & III completed
Finalizan las fases II y III del ciber-puerto de Hong Kong

Hong Kong Cyberport residential Phase I completed
Finalizan la fase residencial I del ciber-puerto de Hong Kong

Cyberjaya Phase III completed
Finaliza la Fase III Cyberjaya

Hong Kong Cyberport residential Phase II-V completed
Finalizan la fase residencial II-V del ciber-puerto de Hong Kong

Cyberjaya Eco-media City completed
Finaliza la Ciudad Eco-Media de Cyberjaya.

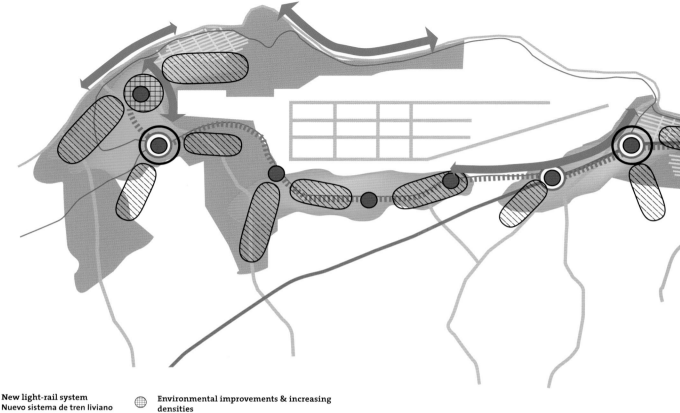

⸝⸝⸝ **New light-rail system**
Nuevo sistema de tren liviano

● **Light-rail station**
Estación de tren liviano

Transportation Corridors
Corredores de transporte

○ **Local centers**
Centro Locales

⊞ **Environmental improvements & increasing densities**
Mejoras ambientales y aumentos en densidades

Important green corridors
Corredores "verdes" importantes

▨ **Expansion area**
Area de expansión

● **Densification**
Aumento de densidades

**TRIGGER SYSTEM I
SISTEMA PROVOCADOR I**

New road connected with existing road

Nueva calle en conexion con calle existente

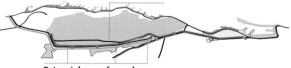

**TRIGGER SYSTEM II
SISTEMA PROVOCADOR II**

Extended light rail train network

Extensión de la red de tren liviano

Light rail train network as a new mean of transportation

Tren liviano como nueva modo de transporte

Data center, Data recovery center.

Centro de almacenamiento y control de data

Tourist seaport as new Program

Puerto turístico como nuevo programa

Potencial areas for real state development

Areas con potencial para desarrollo de bienes raices

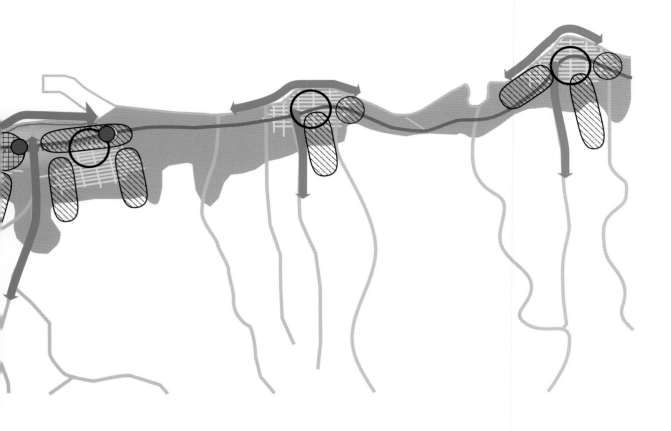

TRIGGER SYSTEM III
SISTEMA PROVOCADOR III

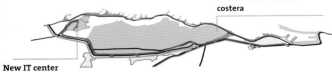

New IT center

Nuevo centro de IT

Completed waterfront
recreational area

Finaliza el area
recreacional en la zona
costera

EXISTING CONDITION
CONDICIÓN EXISTENTE

Fiber Optic Trunk

Troncal de fibra óptica

Highway

Autopista

Natural and man-made lines as
guidelines for new fabric

Lineas naturales y construidas por el
hombre como guias para el desarrollo
del nuevo tejido urbano

– – – – Create road network by extending
existing fabric

Extensión del tejido urbano existente
consolidando una red de calles

New Fabric
Nuevo tejido urbano

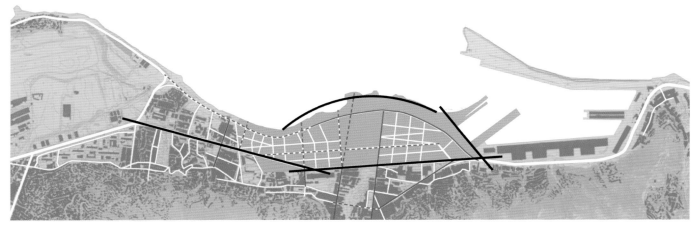

Before | Antes

After | Después

Mitigation Area
Area para atenuación de desastre

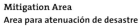

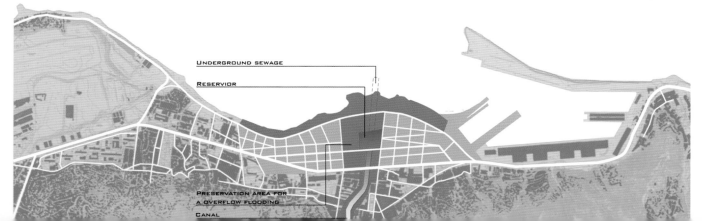

UNDERGROUND SEWAGE

RESERVIOR

PRESERVATION AREA FOR
A OVERFLOW FLOODING

CANAL

	Trigger area / Area catalizadora		Mixed-use residential / Area de residencial multi-uso
	Mixed-use office space / Area de oficina multi-uso		Recreation area / Area de ocio
	Mixed-use commercial / Area de commercial multi-uso		Expansion area / Area de expansión

New program
Nuevos programas

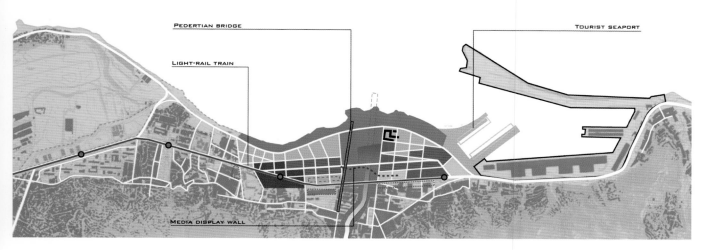

PEDERTIAN BRIDGE

LIGHT-RAIL TRAIN

MEDIA DISPLAY WALL

TOURIST SEAPORT

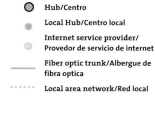

- ⬤ Hub/Centro
- Local Hub/Centro local
- Internet service provider/ Provedor de servicio de internet
- Fiber optic trunk/Albergue de fibra optica
- Local area network/Red local

IT Infrastructure
Infraestructura de tecnología informática

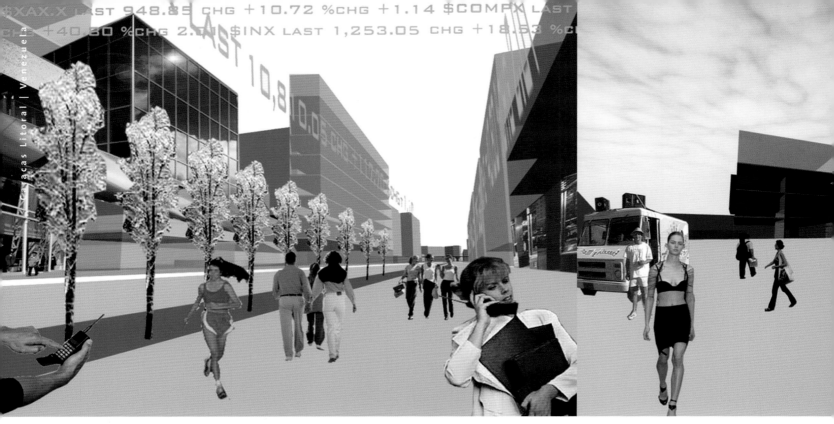

IT green armature
Espina "verde" de tecnología informática

Community park
Parque comunitario

Open space system
Sistema de espacios abiertos

Circulation system
Sistema de circulaciones

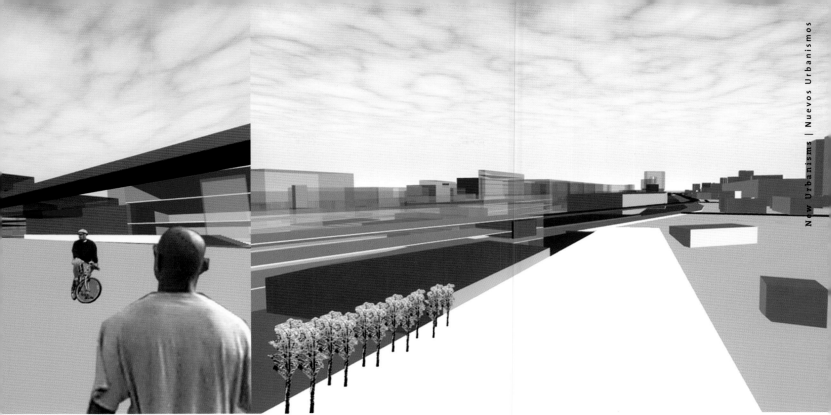

Ecological pool
Píscina ecológica

Connection from barrio
Conección al barrio

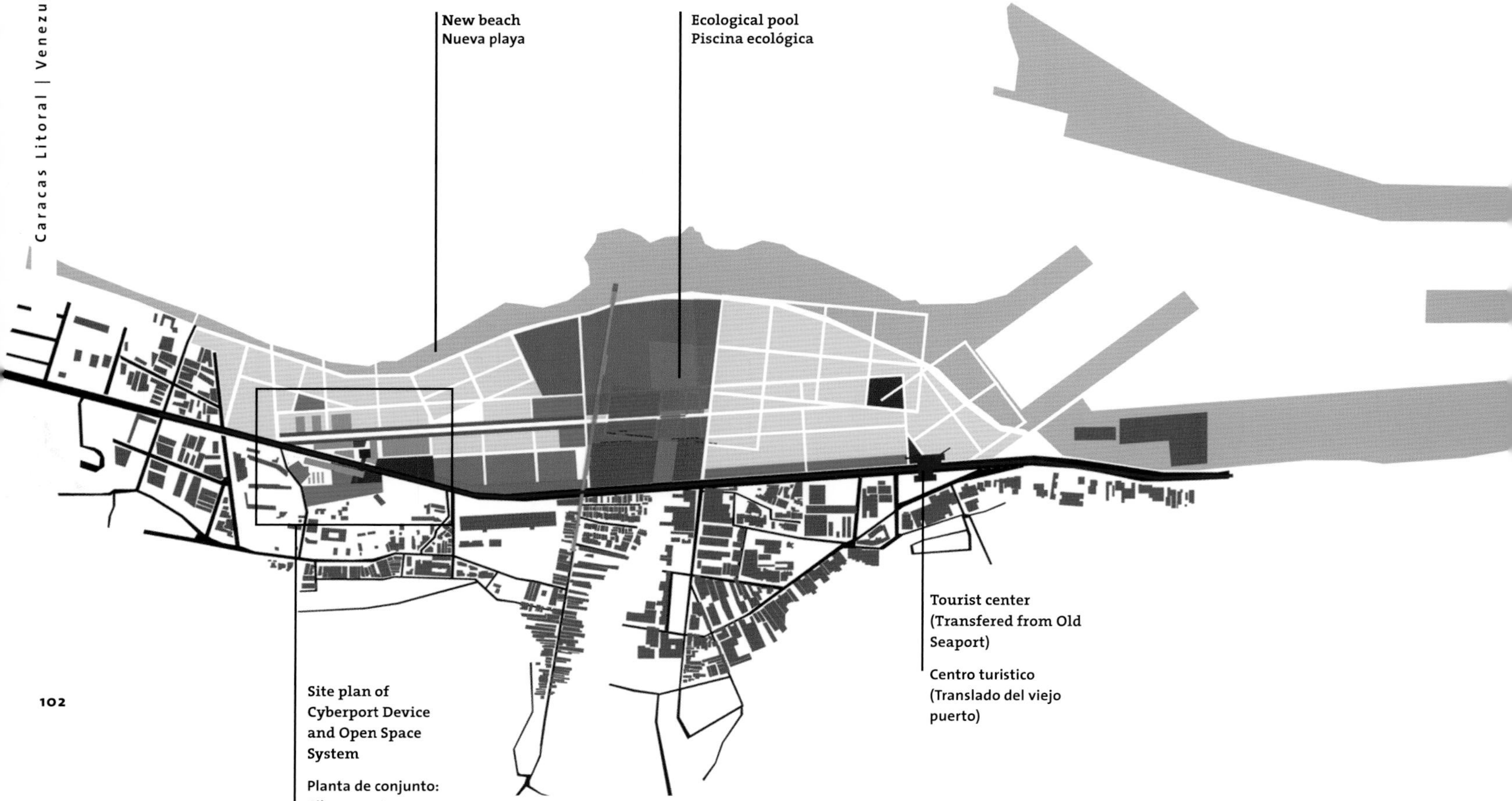

New beach
Nueva playa

Ecological pool
Piscina ecológica

102

Tourist center
(Transfered from Old
Seaport)

Centro turistico
(Translado del viejo
puerto)

Site plan of
Cyberport Device
and Open Space
System

Planta de conjunto:
Ciber-puerto y
sistema de espacios
abiertos

Density and zones
studies

Densificaciones y
zonas de estudio

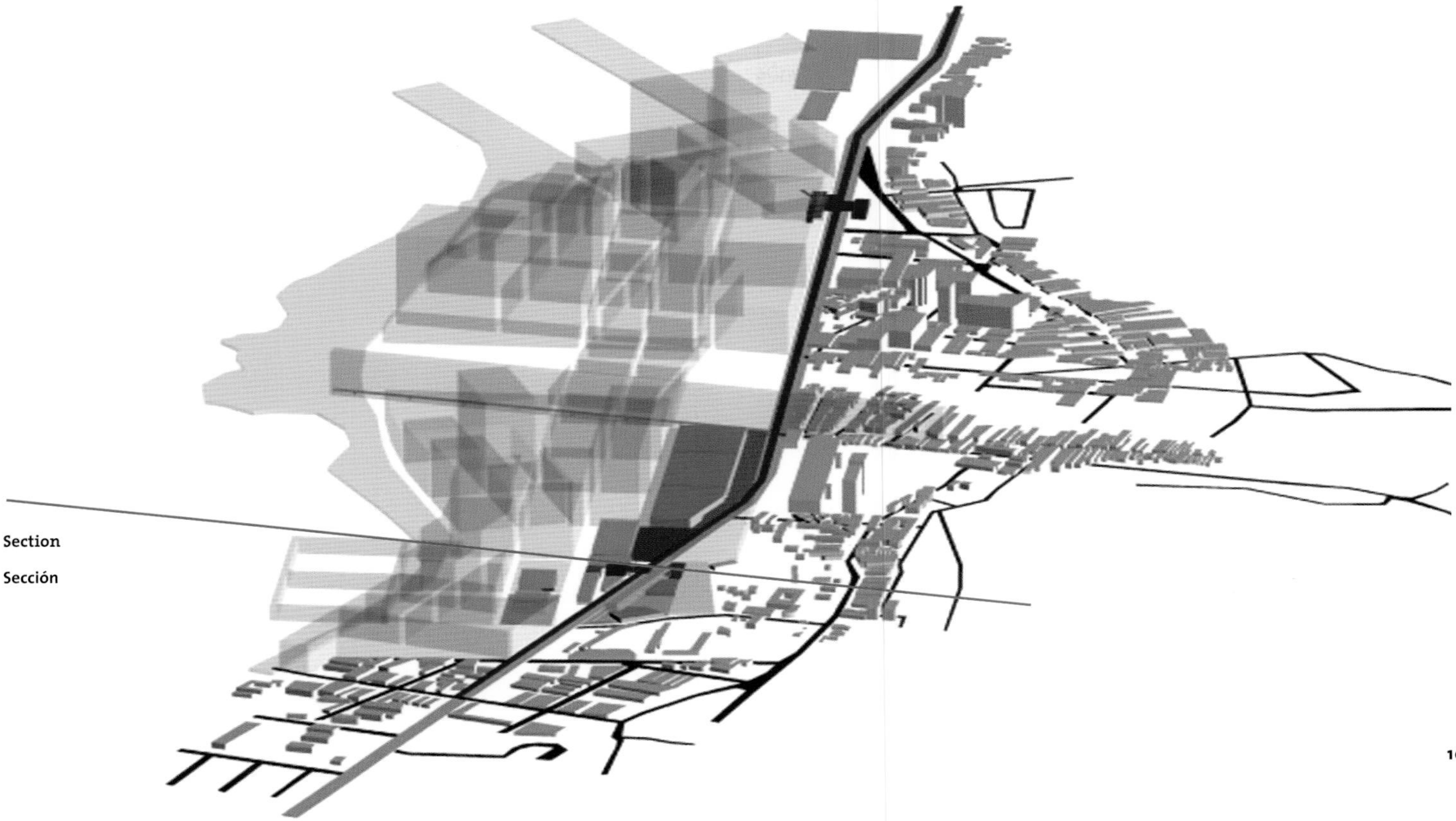

Section

Sección

rfront development
rrollo de la zona costera

nter
vestigación

nature
e" de tecnología informática

de tecnología informática

nity park as interface
munitario como conexión

Section

Spring Semester / Semestre de primavera

Localities and Self-adjusting Networks
Localidades y redes de auto-ajuste

ALESSANDRO CIMINI, PATRICIO BROWNE, JOSE ECHEVERRIA MANAU

Our work focuses on the area between Catia La Mar and the historic harbor town of La Guaira. We propose substantial development to establishment of a symbiotic relation with Caracas. In this future city the airport and seaport will not necessarily play a major economic role. The urban structure should therefore be flexible and adjustable in order to allow change and response to inevitable environmental adversities. Our proposal addresses a variety concerns. These include: the lack of normalized and qualified public space, both in the formal and informal city; the lack of facilities in the barrios; the lack of clear urban structure in the barrios; the perverse urban, social, and economic stratification due to topography and Avenida Sublette; the deficient connection to Caracas; and the overall uneven organization of programs and investment.

The project proposes a clandestine planning approach based on systematic localized interventions in locations that favor development. These interventions are implemented based on a timeline organization that alternates periods of principally

Nuestro trabajo se centra en el área entre Catia La Mar y la histórica ciudad portuaria de La Guaira, donde proponemos un substancial desarrollo para establecer una relación simbiótica con Caracas. En esta ciudad futura, el puerto y el aeropuerto no deben jugar necesariamente un rol económico de primer orden. Por eso, la estructura urbana debería ser flexible para permitir cambios y poder responder a las inevitables adversidades del entorno. Nuestra propuesta trata distintos tópicos: la falta de espacio público normativizado y cualificado, tanto en la ciudad formal como en la informal; la falta de servicios y de una estructura urbana clara en los barrios; la perversa estratificación urbana, económica y social debido a la topografía en la Avenida Sublette; la deficiente conexión con Caracas; y la irregular organización general de programas e inversiones.

Proponemos un planeamiento clandestino, basado en intervenciones sistemáticas en lugares que favorezcan el desarrollo. Estas intervenciones se implementan a lo largo del

Waterfront
Zona costera

Formal City
Ciudad formal

public then private investment. The aim is to link all these localized proposals into an urban network that operates with special emphasis in a transversal mountain-to-sea direction.

Several issues were preferred:

PUBLIC SPACE The area presents a wide range of places with a strong potential for developing active public space. In most areas of recent formal and informal development, open space does not operate as public place. Space is more residual. A double process of activation and normalization is needed, primarily in the transition areas between different fabric types and scales.

TRANSVERSALITY The area is currently organized in parallel bands (waterfront-formal city-Avenida Sublette-barrios) that reinforce the separation between the formal and informal cities and that disconnect the waterfront and the Avila National Park. Reinforcing transversal connection by creating chains of public

tiempo, alternando períodos de inversión básicamente pública con otros de inversión privada. La finalidad es conectar todas estas propuestas localizadas, formando una red urbana que opere con especial énfasis en la dirección mar-montaña.

Se da preferencia a varios tópicos:

ESPACIO PÚBLICO El área presenta un amplio espectro de lugares con gran potencial para desarrollar espacio público activo. En muchos de los recientes desarrollos formales e informales, el espacio abierto no opera como espacio público, sino que es residual. Por eso, es necesario un doble proceso de activación y normalización, ante todo en las áreas entre distintos tipos de tejido y escalas.

TRANSVERSALIDAD El área se organiza actualmente en bandas paralelas (costa-ciudad formal-Avenida Sublette- barrios) que refuerzan la separación entre la ciudad formal y la informal, desconectando al mismo tiempo la costa con el Parque Nacional

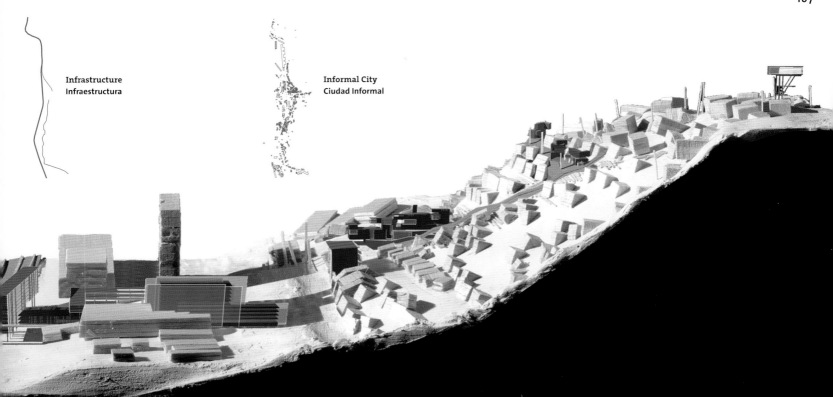

Infrastructure
Infraestructura

Informal City
Ciudad Informal

Figure-ground Study Area

Figura-fondo del área de estudio

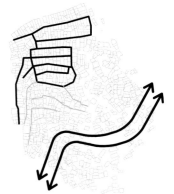

Streets following contour lines

Calles siguiendo las curvas de nivel

Relationship between growth and topography

Crecimiento en relación a la topografía

Coherent core

Centro conformado

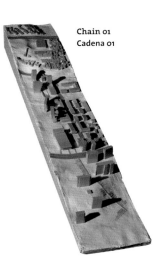

Chain 01
Cadena 01

Chain 0
Cadena

spaces would establish continuous corridors from mountain to sea. These will operate as transgeographical, transcultural, trans-social connections neutralizing the present urban divisions.

LINEAR CITY Activation transverse lines of public space would generate areas of local influence. These new transversal bands contain a wide range of urban conditions, programs and natural settings. Avenida Sublette works as a longitudinal intermodal (pedestrian-tram-car) link between these connected, yet semi-autonomous urban units.

SOURCES OF GROWTH Since the seaport and airport are vulnerable to the threat of mudslides and earthquakes, the region should foster diverse economic generators. The urban subunits we suggest should develop inner production-consumption processes in combination with a dependence on outer economical sources.

CONNECTION TO CARACAS A new road, connecting Caracas to Maiquetia airport, would run parallel and above the existing one. We see this as a clear alternative to any connection that

El Avila. El potenciar la conexión transversal mediante la creación de cadenas de espacios públicos permitiría establecer corredores continuos desde la montaña al mar. Estos operarían como conectores trans-geográficos, trans-culturales y trans-sociales, neutralizando las divisiones urbanas existentes.

CIUDAD LINEAL La activación de líneas transversales de espacio público generará áreas de influencia local. Estas nuevas franjas transversales contienen una amplia gama de condiciones urbanas, programas y condiciones naturales. La Avenida Sublette funciona como una conexión inter-nodal longitudinal (peatón-tranvía-coche) entre estas unidades urbanas al mismo tiempo conectadas y semi-autónomas.

FUENTES DE CRECIMIENTO Debido a la vulnerabilidad del puerto y del aeropuerto ante la amenaza de terremotos y avalanchas de barro, la región debería fomentar generadores económicos diversos. Las sub-unidades urbanas que sugerimos deberían desarrollar procesos de producción y consumo internos, a parte de depender de fuentes económicas externas.

Chain 03
Cadena 03

Chain 04
Cadena 04

Chain 05
Cadena 05

Chain 06
Cadena 06

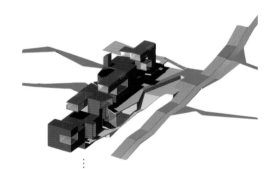

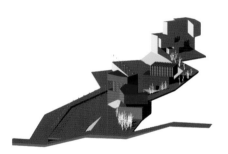

S(malls) and housing (Sites+Services)
S(malls) y viviendas (terrenos+servicios)

Stepped building climbing main street | Edificio escalonado subiendo a lo largo de la calle principal

Transitional buildings | Edificios de transición

IT office buildings
Edificios de oficinas (Tecnologia informatica)

would have to contend with the extreme topographical conditions at another location. In the section from Maiquetia to La Guaira the new connection adapts to the particular local conditions including the opportunity for transversal connections, inter-modality and hazard mitigation.

In conclusion, we envision the area as a set of interrelated small urban locals that enhance the regional systems. In the long term the development of the area should be controlled in morphological terms, avoiding strong land-use policies or administrative regulations. The area should densify. It will continue to develop formally and informally. By setting up a system of locally oriented transverse open spaces this inevitable growth can lead to improvements that cross economic, social, and class boundaries.

CONEXIÓN CON CARACAS Una nueva carretera, conectando Caracas con el aeropuerto de Maiquetia, correría en paralelo y por encima de la existente. Vemos en ella una clara alternativa a cualquier conexión que debiera enfrentarse a las extremadas condiciones topográficas en otra localización. En el tramo desde Maiquetia hasta La Guaira, la nueva conexión se adapta a condiciones locales particulares, incluyendo la oportunidad para conexiones transversales, inter-nodalidad y atenuación de riesgos.

En conclusión, vemos el área como un conjunto de pequeños lugares urbanos interrelacionados que mejoran los sistemas regionales. A largo plazo, el desarrollo del área debería ser controlado en términos morfológicos, evitando fuertes normativas de uso del suelo o regulaciones administrativas. El área continuará densificándose, desarrollándose formal e informalmente. Estableciendo un sistema de espacios abiertos transversales con vocación local, este inevitable crecimiento puede llevar mejoras que crucen barreras económicas, sociales y de clase.

111

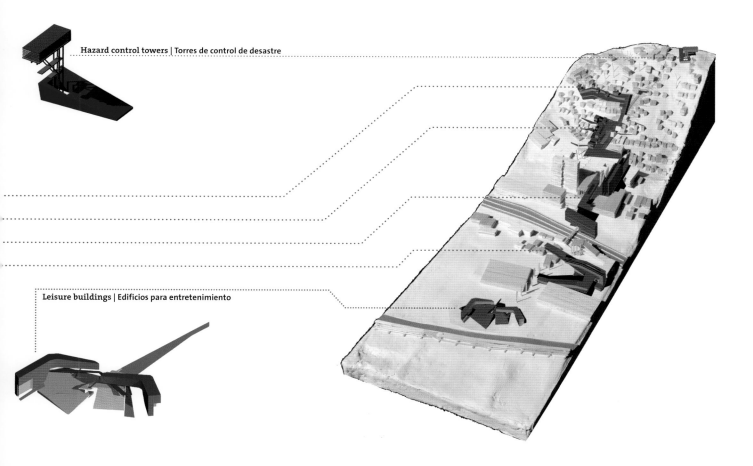

Hazard control towers | Torres de control de desastre

Leisure buildings | Edificios para entretenimiento

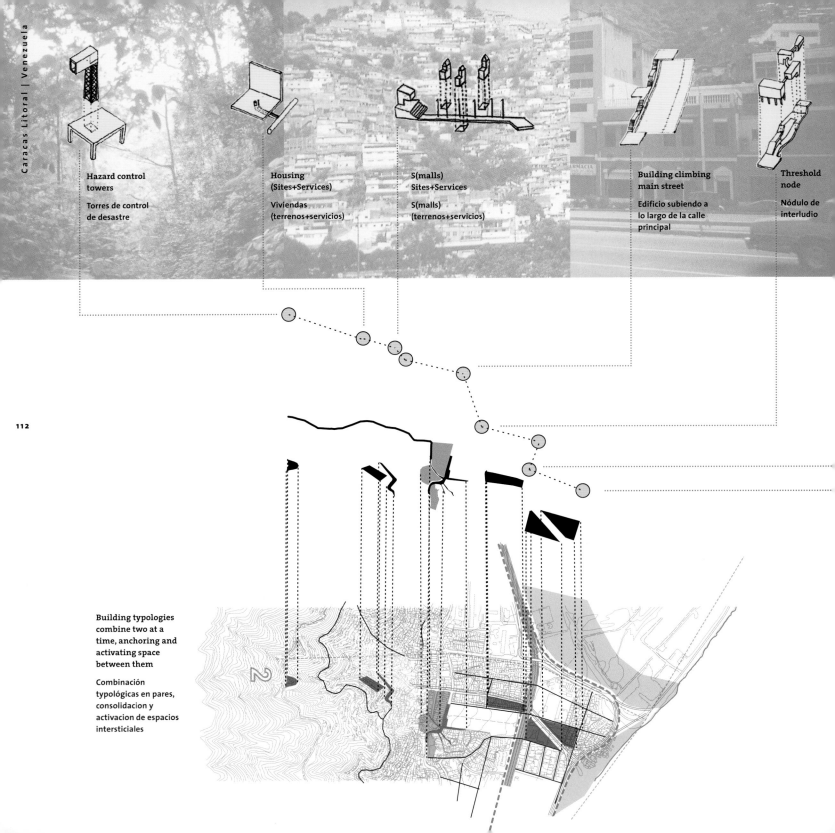

Hazard control towers

Torres de control de desastre

Housing (Sites+Services)

Viviendas (terrenos+servicios)

S(malls) Sites+Services

S(malls) (terrenos+servicios)

Building climbing main street

Edificio subiendo a lo largo de la calle principal

Threshold node

Nódulo de interludio

112

Building typologies combine two at a time, anchoring and activating space between them

Combinación typológicas en pares, consolidacion y activacion de espacios intersticiales

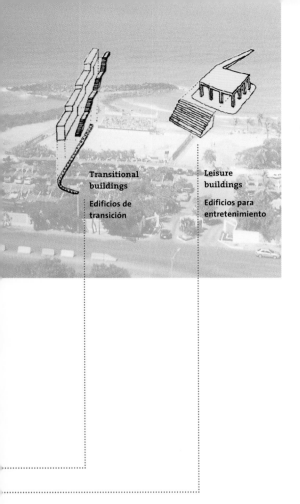

Transitional
buildings

Edificios de
transición

Leisure
buildings

Edificios para
entretenimiento

5th Phase: Connection to
Caracas
5ta Fase: Conexión hacia
Caracas

4th Phase: Inner-
connection improvement
4ta Fase: Mejoras en
conexiones internas

3rd Phase: Localized
private investment
3ra Fase: Zonas de
inversión privada

2nd Phase: Inner-
connection improvement
2da Fase: Mejoras en
conexiones internas

1st Phase: El Avila Park
extesiones
1ra Fase: Extensiones
dentro del Parque El Avila

Phasing strategy based
on type, investment and
hierarchical layering

Estrategia en fases
basada en tipos,
inversiones, y capas
jerarquizadas

first to last within phase

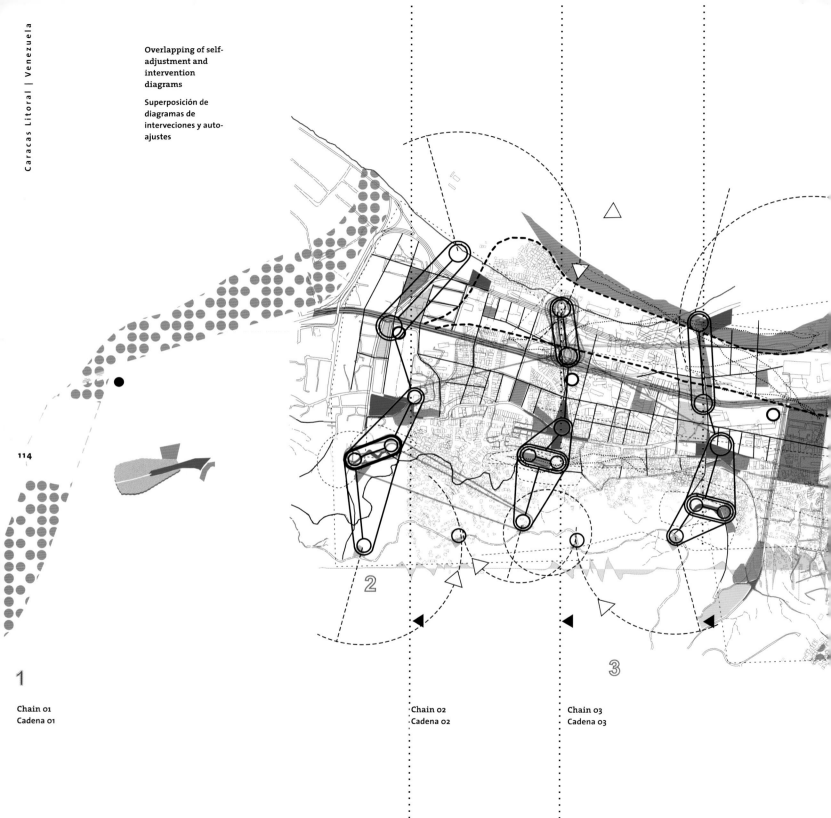

Overlapping of self-adjustment and intervention diagrams

Superposición de diagramas de interveciones y auto-ajustes

114

1

Chain 01
Cadena 01

Chain 02
Cadena 02

Chain 03
Cadena 03

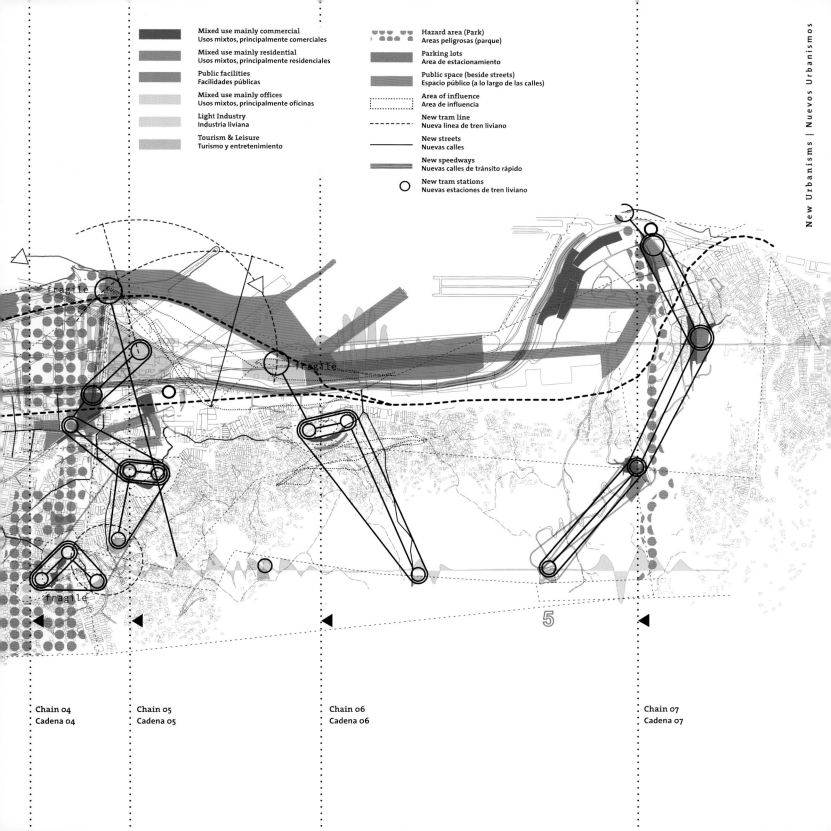

Mixed use mainly commercial
Usos mixtos, principalmente comerciales

Mixed use mainly residential
Usos mixtos, principalmente residenciales

Public facilities
Facilidades públicas

Mixed use mainly offices
Usos mixtos, principalmente oficinas

Light Industry
Industria liviana

Tourism & Leisure
Turismo y entretenimiento

Hazard area (Park)
Areas peligrosas (parque)

Parking lots
Area de estacionamiento

Public space (beside streets)
Espacio público (a lo largo de las calles)

Area of influence
Area de influencia

New tram line
Nueva linea de tren liviano

New streets
Nuevas calles

New speedways
Nuevas calles de tránsito rápido

New tram stations
Nuevas estaciones de tren liviano

fragile
fragile
fragile

Chain 04
Cadena 04

Chain 05
Cadena 05

Chain 06
Cadena 06

Chain 07
Cadena 07

Spring Semester / Semestre de primavera

116

Time(d) Lines
Líneas temporales

JACK CHIN, CHRISTOPHER DIERIG, THEODOROS MAKRIDIS, LANG SHAW

Vargas may use its existing resources as catalysts for regional economic developments. Yet due to polarized social and physical conditions, initial improvements within the formal sector and the barrios begin separately. Initial operations in the formal city would produce local informal economic benefit. Subsequent interventions utilize the revenues from the improved economy for funding larger-scaled projects. New linkages are utilized to connect road fragments to complete a more viable network. A dedicated cargo link between the seaport and the airport encourage trade and development. After completing the cargo link, the area can easily be converted into a specialized, light-cargo, and regional hub. Reorganizing the seaport and airport spatially and functionally creates more efficient use of existing surface area allowing new uses to be considered. For example, the airport can function as a cargo hub with new buildings adjacent to taxiways.

With Venezuela's eventual inclusion in the Free Trade Agreement of the Americas, the seaport and airport at Vargas may easily become prime targets for a free-trade zone. Businesses targeted for investment can utilize existing

Vargas puede utilizar sus recursos existentes como catalizadores de desarrollo económico regional. Pero debido a sus polarizadas condiciones físicas y sociales, las mejoras iniciales en el sector formal y en los barrios empiezan de forma separada. Las operaciones iniciales en la ciudad formal producirían un beneficio económico local informal. Las intervenciones posteriores utilizarían las rentas de esta economía mejorada para financiar proyectos de mayor escala.

Se utilizan nuevos enlaces para conectar fragmentos dispersos de carretera, completando una red más transitable. Una conexión destinada al transporte de mercancías entre el puerto y el aeropuerto fomenta el comercio y el desarrollo. Después de completar esta conexión, el área puede ser fácilmente transformada en un centro regional especializado en el transporte de mercancías ligeras. La reorganización funcional y espacial del puerto y el aeropuerto permiten un uso más eficiente de la superficie existente, posibilitando nuevos usos. Por ejemplo, el aeropuerto puede funcionar como un centro de transporte, con nuevos edificios adyacentes a las pistas de transporte de mercancías.

Pedestrian connections / Conexiones peatonales		New plazas / Nuevas plazas	
Existing barrio roads / Carreteras existentes en el barrio		Zones of primary connections / Zonas de conexiones primarias	
New barrio roads / Nuevas carreteras del barrio		Zones of secondary connections / Zonas de conexiones secundarias	
New parks in hazard areas / Nuevos parques en zonas de peligro			

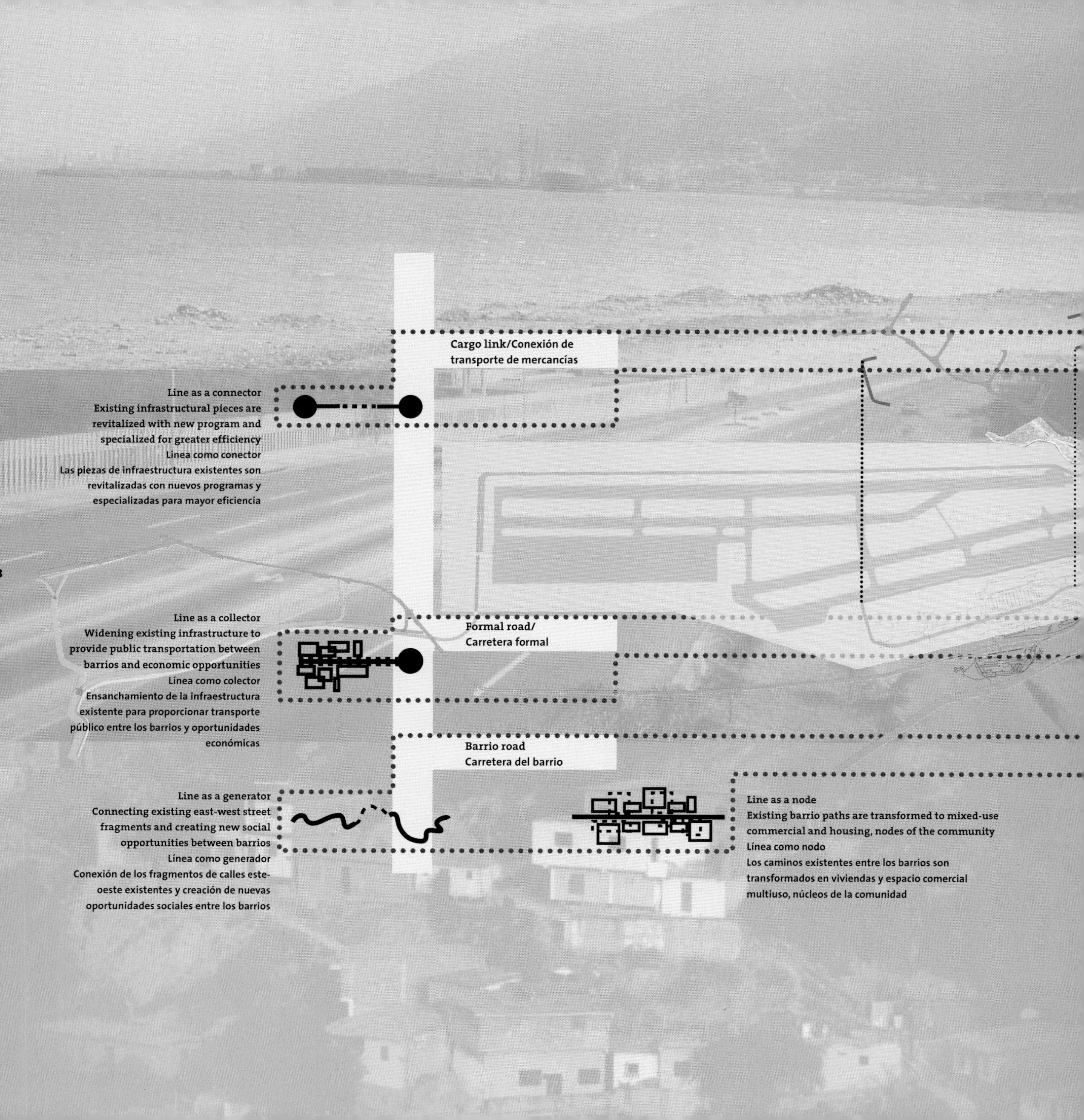

118

Cargo link/Conexión de transporte de mercancías

Line as a connector
Existing infrastructural pieces are revitalized with new program and specialized for greater efficiency
Línea como conector
Las piezas de infraestructura existentes son revitalizadas con nuevos programas y especializadas para mayor eficiencia

Formal road/ Carretera formal

Line as a collector
Widening existing infrastructure to provide public transportation between barrios and economic opportunities
Línea como colector
Ensanchamiento de la infraestructura existente para proporcionar transporte público entre los barrios y oportunidades económicas

Barrio road Carretera del barrio

Line as a generator
Connecting existing east-west street fragments and creating new social opportunities between barrios
Línea como generador
Conexión de los fragmentos de calles este-oeste existentes y creación de nuevas oportunidades sociales entre los barrios

Line as a node
Existing barrio paths are transformed to mixed-use commercial and housing, nodes of the community
Línea como nodo
Los caminos existentes entre los barrios son transformados en viviendas y espacio comercial multiuso, núcleos de la comunidad

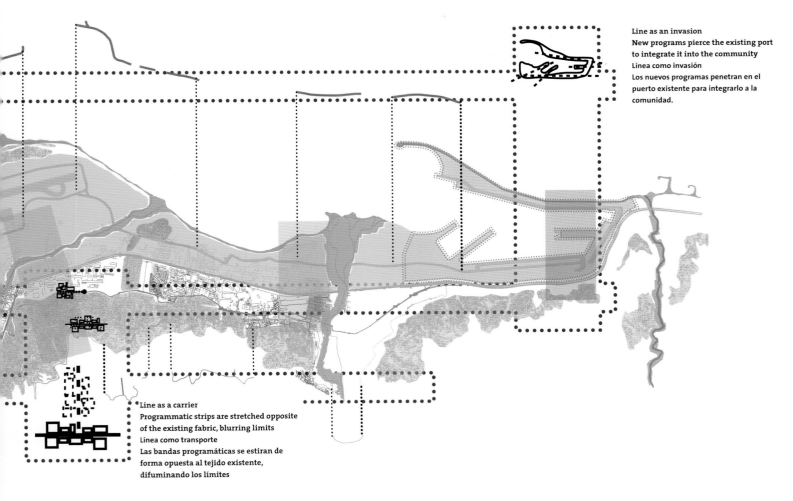

Line as an invasion
New programs pierce the existing port
to integrate it into the community
Línea como invasión
Los nuevos programas penetran en el
puerto existente para integrarlo a la
comunidad.

119

Line as a carrier
Programmatic strips are stretched opposite
of the existing fabric, blurring limits
Línea como transporte
Las bandas programáticas se estiran de
forma opuesta al tejido existente,
difuminando los límites

infrastructure for their distribution activities in the region and capitalize on available adjacent lots for their buildings. New business would create new employment opportunities for Vargas. Vocational training programs in high schools and institutions could be established.

Initial interventions in the barrios would legitimize and incorporate informal settlements into the local planning and social programs as well as the formal fabric. New roads would bring accessibility for emergency and delivery vehicles, providing the safety and services the barrios need. Once accessible, community and commercial centers can be introduced, hosting social and recreational programs and fostering the barrios' unique local identity. The barrios can become safe and accessible working communities.

Social services, educational facilities and new housing and commercial space are introduced via the community center. Activities in these public buildings are layered as the community

Con la final inclusión de Venezuela en al Acuerdo de Libre Comercio de las Américas (FTAA), el puerto y el aeropuerto se convertirán fácilmente en objetivos principales para una zona de libre comercio. Los negocios objeto de inversión podrán utilizar la infraestructura existente para sus actividades de distribución en la región y sacar provecho de las parcelas disponibles adyacentes para sus edificios. Nuevos negocios crearían nuevas oportunidades de empleo para Vargas, y se podrían establecer programas de formación profesional en los institutos e instituciones.

Las intervenciones iniciales en los barrios legitimarían e incorporarían los asentamientos informales al planeamiento local, así como a los programas sociales y al tejido formal. Nuevas carreteras permitirían la accesibilidad a vehículos de reparto y emergencia, proporcionando los servicios y la seguridad que los barrios necesitan. Una vez los barrios sean accesibles, se pueden introducir centros sociales y comerciales, albergando programas sociales y recreacionales y fomentando la identidad local única de

Activity/Time Actividad/Tiempo	Phase 1 Fase 1	Phase 2 Fase 2	Phase 3 Fase 3	Phase 4 Fase 4

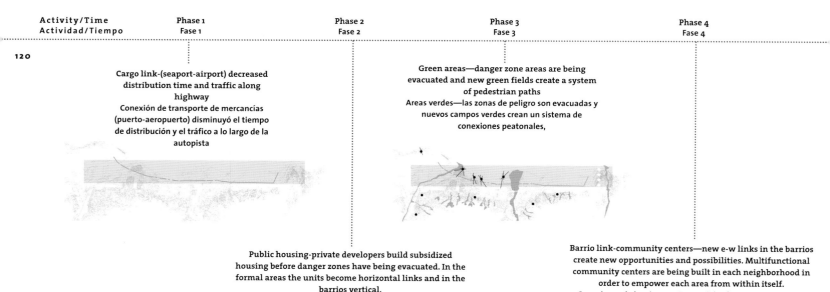

Cargo link-(seaport-airport) decreased distribution time and traffic along highway
Conexión de transporte de mercancías (puerto-aeropuerto) disminuyó el tiempo de distribución y el tráfico a lo largo de la autopista

Green areas—danger zone areas are being evacuated and new green fields create a system of pedestrian paths
Areas verdes—las zonas de peligro son evacuadas y nuevos campos verdes crean un sistema de conexiones peatonales,

Public housing-private developers build subsidized housing before danger zones have being evacuated. In the formal areas the units become horizontal links and in the barrios vertical.
Vivienda pública & los promotores privados construyen vivienda subvencionada antes de evacuar las zonas de peligro. En las áreas formales, las unidades se convierten en conexiones horizontales, mientras que en los barrios son verticales.

Barrio link-community centers—new e-w links in the barrios create new opportunities and possibilities. Multifunctional community centers are being built in each neighborhood in order to empower each area from within itself.
Conexiones de barrio—centros sociales & nuevas conexiones este/oeste en los barrios dan nuevas oportunidades y posibilidades. Centros sociales multifuncionales son construidos en cada vecindad para poder ayudar cada área desde su interior.

center also acts as a vertical connector in the dramatic topography of the barrios. Micro enterprise, daycare centers, health clinics and vocational training can take place here. The centers can also be targets for university outreach and other social programs for the residents of Vargas.

Insertion of the new road and pedestrian connections would empower existing and new businesses. New commercial and community nodes would be developed in strategic areas of the barrios. These nodes would be located with easy access from the formal city and neighboring barrios, facilitating use by all residents of Vargas. A long-term plan includes an additional highway between Vargas and Caracas. The new route, parallel to the one further west, ties into the new cargo link and alleviates an over-taxed infrastructure.

Pedestrian paths upgraded with street furniture and lighting would create secondary networks throughout the barrios. New public plazas, park spaces and community centers complete the network of new connections. This network improves access

cada zona. Los barrios pueden convertirse en comunidades trabajadoras seguras y accesibles.

Los servicios sociales, las instalaciones educativas y las nuevas viviendas y espacios comerciales son introducidos a partir de los centros sociales. Los centros sociales funcionan como conectores verticales en la dramática topografía de los barrios, con sus programas estratificados. Pequeños negocios, clínicas de salud, centros de día y de formación profesional pueden tener lugar en ellos. Los centros pueden ser también objetivo de campañas de ayuda por parte de universidades u otros programas sociales para los residentes de Vargas.

La inserción de la nueva carretera y de las conexiones peatonales potenciarán los comercios existentes y futuros. Los nuevos centros sociales y comerciales serán desarrollados en áreas estratégicas de los barrios. Estos nodos se localizarán en puntos de fácil acceso desde la ciudad formal y los barrios vecinos, posibilitando el uso a todos los habitantes de Vargas. Un plan a largo plazo incluye una autopista adicional entre Vargas y Caracas. Esta nueva vía, paralela

---

| Phase 5 / Fase 5 | Phase 6 / Fase 6 | Phase 7 / Fase 7 | Phase 8 / Fase 8 |

Links and community centers, primary impact: between community centers and new established links, commercial activities are being streched in the in-between area.
Conexiones y centros sociales & primer impacto: entre los centros sociales y las conexiones recientes & las actividades comerciales son tensionadas en el área intermedia

Commercial spaces, secondary impact: between community centers and public spaces
Espacios comerciales & impacto secundario: entre los centros sociales y los espacios públicos

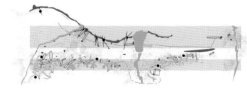

Public spaces—establishing public spaces before private development (safety-free movement-interaction)
Espacios públicos—establecimiento de espacios públicos antes del desarrollo privado (seguridad & libertad de moimiento & interacción)

Highway—stretching new activities towards and along the highway
Autopista—tensión de nuevas actividades hacia y a lo largo de la autopista

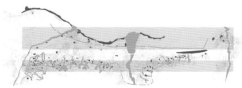

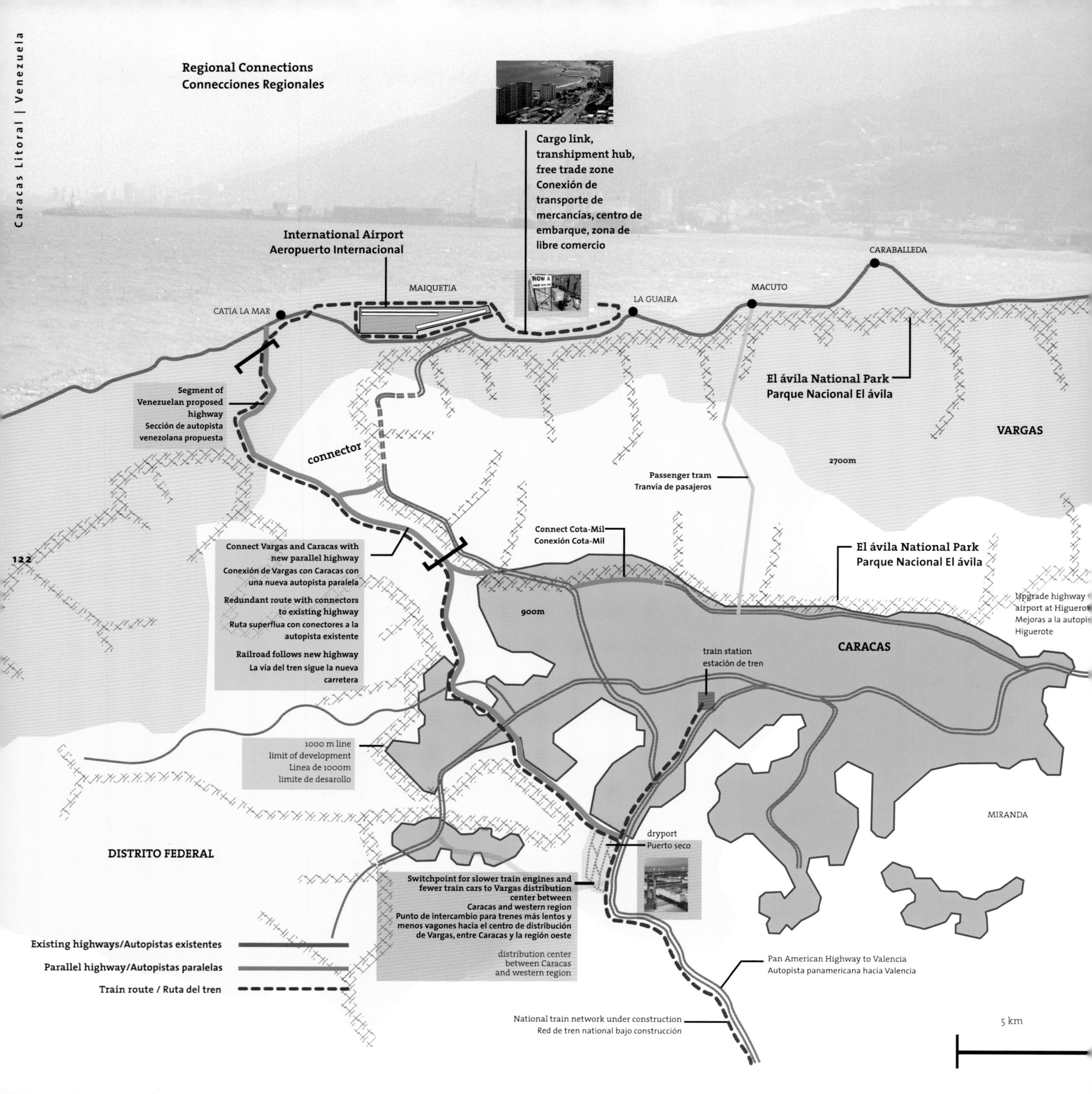

Regional Connections
Connecciones Regionales

Cargo link,
transhipment hub,
free trade zone
Conexión de
transporte de
mercancías, centro de
embarque, zona de
libre comercio

International Airport
Aeropuerto Internacional

MAIQUETIA

CARABALLEDA

CATIA LA MAR

LA GUAIRA

MACUTO

El ávila National Park
Parque Nacional El ávila

VARGAS

2700m

Segment of
Venezuelan proposed
highway
Sección de autopista
venezolana propuesta

connector

Passenger tram
Tranvía de pasajeros

Connect Cota-Mil
Conexión Cota-Mil

El ávila National Park
Parque Nacional El ávila

Upgrade highway
airport at Higuerote
Mejoras a la autopista
Higuerote

**Connect Vargas and Caracas with
new parallel highway**
**Conexión de Vargas con Caracas con
una nueva autopista paralela**

**Redundant route with connectors
to existing highway**
**Ruta superflua con conectores a la
autopista existente**

Railroad follows new highway
**La vía del tren sigue la nueva
carretera**

900m

CARACAS

train station
estación de tren

122

1000 m line
limit of development
Línea de 1000m
límite de desarollo

MIRANDA

dryport
Puerto seco

DISTRITO FEDERAL

**Switchpoint for slower train engines and
fewer train cars to Vargas distribution
center between
Caracas and western region**
**Punto de intercambio para trenes más lentos y
menos vagones hacia el centro de distribución
de Vargas, entre Caracas y la región oeste**

distribution center
between Caracas
and western region

Pan American Highway to Valencia
Autopista panamericana hacia Valencia

Existing highways/Autopistas existentes

Parallel highway/Autopistas paralelas

Train route / Ruta del tren

National train network under construction
Red de tren national bajo construcción

5 km

throughout the barrios while providing important opportunities and services to the residents.

The densification of the area between the airport and the barrios complements the cargo link and the empowerment of the barrios. New housing, offices and hotels bring new opportunities for living and working. New development is prohibited in hazard areas and beaches are restored to full public access.

The linchpin between the barrios and the formal city is the collector/distributor building. This building acts in many capacities from parking structure to office space for institutions and organizations working to bridge the barrios and the formal city physically, socially and economically. The collector/distributor connects paths reaching into the barrios to paths and roads in the formal city, the cargo link and the beach. The result of a regenerated specialized port would be new programs and activities for the community. Taking advantage of its geographic position, the port can be a regional distribution hub that serves the Caribbean as well as the neighboring South American countries.

a la existente más al oeste, se vincula a la conexión de mercancías y alivia una infraestructura demasiado gravada por los impuestos. Unos caminos peatonales, equipados con mobiliario urbano e iluminación, crearían redes secundarias a través de los barrios. Nuevas plazas públicas, parques y centros sociales completarían esta red, mejorando el acceso a través de los barrios y proveer a los habitantes de importantes oportunidades y servicios.

La densificación del área entre el aeropuerto y los barrios complementa la conexión de mercancías y la potenciación de éstos. Nuevas viviendas, oficinas y hoteles conllevan nuevas oportunidades para vivir y trabajar. Se prohíbe el desarrollo en zonas de peligro y las playas se recuperan para el acceso público. El conector entre los barrios y la ciudad formal es un edificio colector / distribuidor. Este edificio aglutina distintos usos, desde aparcamiento a espacio de oficinas para instituciones dedicadas a conectar física, social y económicamente los barrios y la ciudad formal. El colector / distribuidor conecta caminos extendidos hacia los barrios con caminos y carreteras en la ciudad formal, el eje de mercancías y la playa.

Aprovechando su posición geográfica, el puerto puede llegar a ser un centro regional de distribución, sirviendo tanto el Caribe como los vecinos países suramericanos. Las consecuencias de un puerto regenerado y especializado serían nuevos programas y actividades para la comunidad.

National connections
Conexiones nacionales

Maiquitia Freetrade Zone

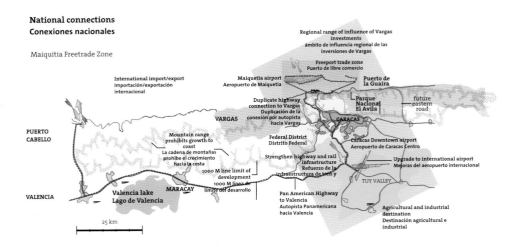

Integration: networking barrios and city
Integración: conexión entre los barios y la ciudad

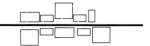

Line as node
Líneas como nodos

Community center node
Centro social como nodo

124

Recreation area/Zona de ocio

Informal market/Mercado informal

Classroom/Clase

Studios/Talleres

Dormitories/dormitorios

Clinic/Clínica

1 Networking of plazas and pedestrian paths, connecting barrios to formal
Conexión entre plazas y caminos peatonales, conexión entre los barrios con la ciudad formal

2 Commercial strip node
Nodo en eje comercial

3 Community center node
Nodo en centro social

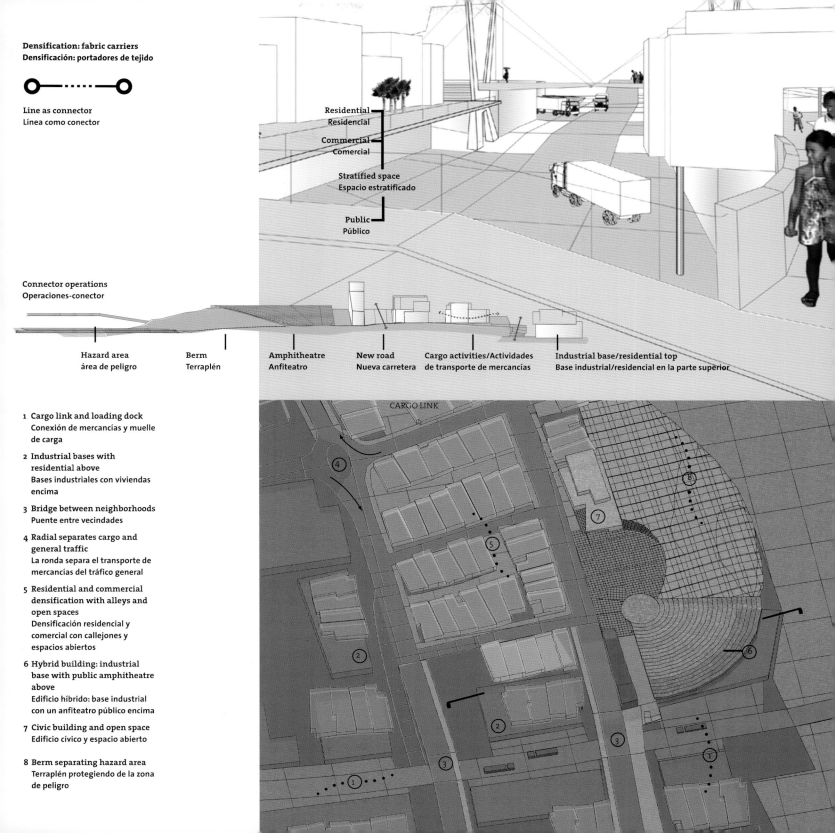

Densification: fabric carriers
Densificación: portadores de tejido

Line as connector
Línea como conector

Connector operations
Operaciones-conector

Hazard area
área de peligro

Berm
Terraplén

Amphitheatre
Anfiteatro

New road
Nueva carretera

Cargo activities/Actividades
de transporte de mercancías

Industrial base/residential top
Base industrial/residencial en la parte superior

Residential
Residencial

Commercial
Comercial

Stratified space
Espacio estratificado

Public
Público

1 Cargo link and loading dock
  Conexión de mercancías y muelle
  de carga

2 Industrial bases with
  residential above
  Bases industriales con viviendas
  encima

3 Bridge between neighborhoods
  Puente entre vecindades

4 Radial separates cargo and
  general traffic
  La ronda separa el transporte de
  mercancías del tráfico general

5 Residential and commercial
  densification with alleys and
  open spaces
  Densificación residencial y
  comercial con callejones y
  espacios abiertos

6 Hybrid building: industrial
  base with public amphitheatre
  above
  Edificio híbrido: base industrial
  con un anfiteatro público encima

7 Civic building and open space
  Edificio cívico y espacio abierto

8 Berm separating hazard area
  Terraplén protegiendo de la zona
  de peligro

CARGO LINK

Densification: bridging formal city and barrios
Densificación: conexión entre la ciudad formal y los barrios

Line as carrier
Línea como
transporte

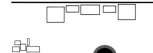

Line as collector
Línea como colector

1 Beaches and hazard areas
restored to full public access
Playas y zonas de peligro
recuperadas para pleno acceso
público

2 Playing fields and parks
Campos de juego y parques

3 Densified housing, hotels
and offices
Viviendas densificadas, hoteles y
oficinas

4 Collector/distributor
Colector/distribuidor

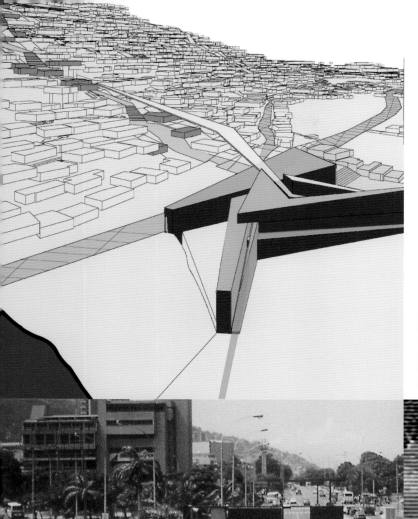

Reacting in two scales and
acting as a collector and a
distributor

Reaccionando a dos escalas y
funcionando como un colector
y un distribuidor

Densification: bridging formal city and barrios
Densificación: conexión entre la ciudad formal y los barrios

Line as collector
Línea como colector

Barrio/Barrio

Maiquetia
Maiquetia

Cargo link
Conexión de
transporte de
mercancías

Hazard area
área de peligro

Densified housing
Viviendas
densificadas

Beach
Playa

Residential/Residencial

Commercial/Comercial

Fluid space/Espacio fluido

Public/Público

Beach/Playa   New road/Nueva carretera   Cargo link/Conexión de transporte de mercancías

Pedestrian movement
Movimiento peatonal

1 Densified housing and hotels
   Viviendas densificadas y hoteles

2 Commercial base
   Base comercial

3 Public space in alleys and
   common gardens
   Espacio público en callejones y
   jardines comunitarios

4 Public access to beaches through new
   development
   Acceso público a las playas a través del
   nuevo desarrollo

5 Beaches and hazard areas restored to
   full public access
   Playas y zonas de peligro recuperadas
   para pleno acceso público

6 Adjacent tran-shipment and
   industrial uses
   Embarque adyacente y usos industriales

7 Radial separates cargo and
   residential traffic
   La ronda separa el transporte de
   mercancías del tráfico general

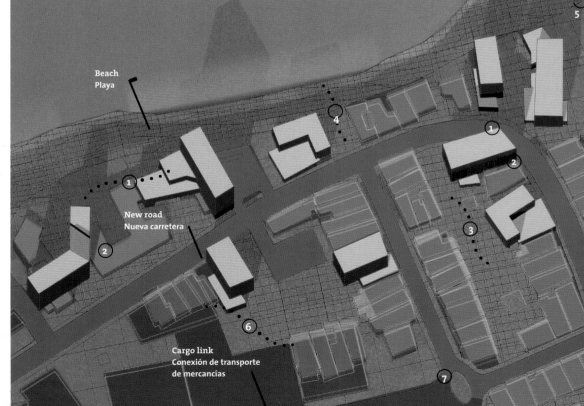

Beach
Playa

New road
Nueva carretera

Cargo link
Conexión de transporte
de mercancías

Integration: seaport and barrios
Integración: puerto y barrios

Line as an invasion
Línea como invasión

—————— **Cargo link/**Conexión de
transporte de mercancías

—————— **Pedestrian
movement/**Movimiento
peatonal

—————— **Vehicular
movement/**Movimiento
vehicular

1 **Cargo link**
Conexión de transporte de mercancías

2 **Parking structure**
Estructura para aparcamiento

3 **Passenger terminal**
Terminal de pasajeros

4 **Commerical spaces**
Espacios comerciales

5 **Office spaces**
Oficinas

6 **Public spaces**
Espacios públicos

7 **Vocational school and offices**
Escuela de formación profesional

8 **New docks**
Nuevos muelles

9 **Port activities**
Actividades portuarias

Passenger terminal
Terminal de pasajeros

Garage structure
Estructura para aparcamiento

130

Stretched City
Ciudad estirada

ELS VERBAKEL, ELIE DERMAN

Formal development
Desarollo Formal

Realizing development in Vargas, after the mudslides in 1999, requires laying out a stable context for investment. Stability, physically—as in flood anticipation structures—or as a sustainable urban entity, is essential to encouraging growth. This urban entity gradually takes shape from its inside out through a phasing of small-scale investments by local enterprises as opposed to a one-time investment of external forces. A suitable site for such investment because of its accessibility and comparably moderate damage from the mudslides is from the airport to the seaport. Creating a network of businesses, transportation, and housing would involve several types of investment and keep the inhabitants from relying on tourism as their only source of income. Given the economic and institutional climate of Vargas, a regional link with Caracas should be made but only along with establishing sufficient reason to justify the connection. Our design focuses on converting the area towards a stable urban entity, a "Stretched City" by encouraging the growth of an urban center between the two ports.

The design proposal coordinates a series of architectural interventions, each of which contain an economical trigger and necessary infrastructure. Additionally, they are tied to the existing fabric and anticipate unpredictable events: informal housing,

Desarrollar Vargas, después de los deslizamientos de barro en 1999, requiere del establecimiento de un contexto estable para la inversión. La estabilidad, tanto física como a nivel de sostenibilidad urbana, es esencial para catalizar el crecimiento. La ciudad se forma gradualmente de dentro hacia fuera, en fases de inversión de reducida escala por parte de empresas locales en lugar de hacerlo mediante inversiones mayores y más rápidas por parte de agentes externos. Un sitio conveniente para este tipo de inversión debido a su accesibilidad y a la exposición relativamente moderada a los deslizamientos de tierra es la región entre el puerto y el aeropuerto. La creación de una red de negocios, transporte y viviendas implicaría varios tipos de inversión y prevendría a los habitantes de depender del turismo como a única fuente de ingresos. Dado el clima económico e institucional de Vargas, es necesario dar una identidad a este estado para que pueda existir por sí mismo. Sólo con esta condición se puede establecer una conexión regional con Caracas. Nuestro diseño trata de convertir el área en una entidad urbana fija, una "Ciudad Estirada", alentando el crecimiento de un centro urbano entre los dos puertos.

La propuesta coordina una serie de intervenciones arquitectónicas, cada una provista de un catalizador económico y de la infraestructura necesaria. Además, estas intervenciones son

Disconnected dualities
Dualidades desconectadas

Informal settlements
Asentamientos Informales

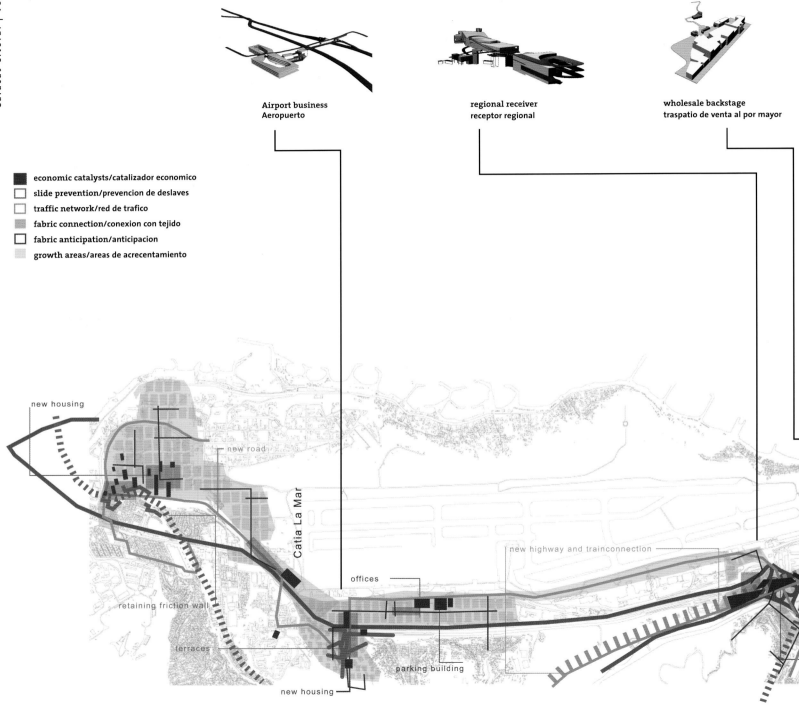

Airport business
Aeropuerto

regional receiver
receptor regional

wholesale backstage
traspatio de venta al por mayor

■ economic catalysts/catalizador economico
☐ slide prevention/prevencion de deslaves
☐ traffic network/red de trafico
▨ fabric connection/conexion con tejido
☐ fabric anticipation/anticipacion
▨ growth areas/areas de acrecentamiento

new housing

new road

Catia La Mar

new highway and trainconnection

retaining friction wall

offices

terraces

parking building

new housing

mudslides, and regional infrastructure development. This anticipation is achieved by dissembling the formal intervention to better coexistence with the informal development. We call this informalization of the formal sector "unraveling."

A multiple system of small channels create artificial scratches in the mountainside that drain the runoff and prevent excess accumulation. This operation can simultaneously be used to lay down residential infrastructure utilities such as electricity, communication, and sewage pipes. The natural path can create small public spaces stretched between a community center down hill and a post office at the top, encouraging private non-planned development in these upgraded conditions.

integradas al tejido existente y contemplan la aparición de acontecimientos imprevisibles: viviendas informales, deslizamientos de tierra, y el desarrollo regional de la infraestructura. Esta anticipación se consigue disimulando la intervención formal para coexistir mejor con el desarrollo informal. Llamamos "desenredar" a este proceso de "informalización" del sector formal.

Un sistema múltiple de pequeños canales crea arañazos artificiales en la falda de montaña, desaguando las pérdidas de agua y previniendo su acumulación. Esta operación se puede utilizar simultáneamente para trazar las redes de electricidad, comunicación y aguas residuales para las viviendas. El sendero natural puede crear pequeños espacios públicos tensionados entre un centro communal bajo la colina y una oficina de correos arriba, alentando el desarrollo privado no planeado.

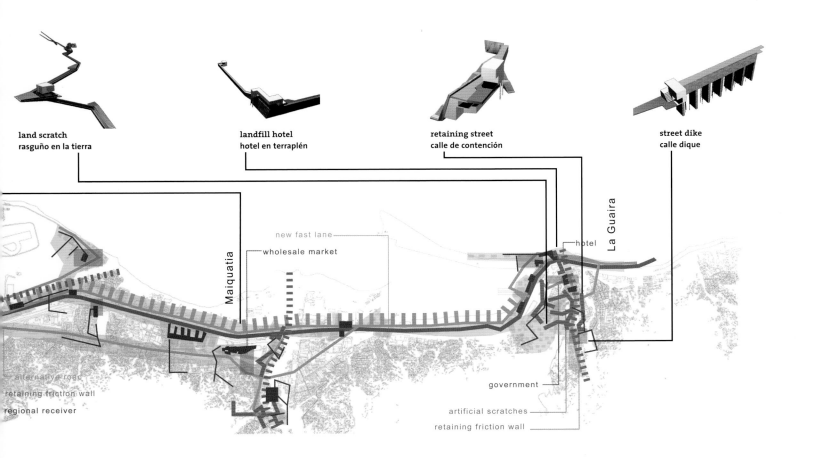

land scratch
rasguño en la tierra

landfill hotel
hotel en terraplén

retaining street
calle de contención

street dike
calle dique

La Guaira

Maiquatia

hotel

new fast lane
wholesale market

alternative road
retaining friction wall
regional receiver

government
artificial scratches
retaining friction wall

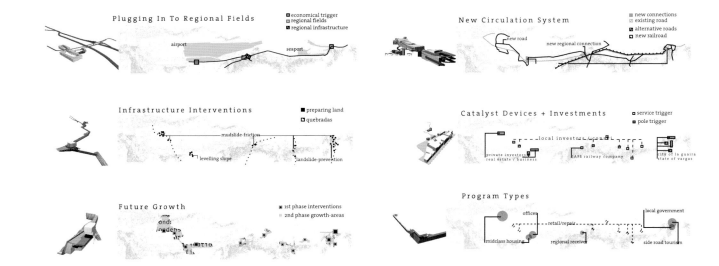

Plugging In To Regional Fields
■ economical trigger
□ regional fields
■ regional infrastructure

airport   seaport

New Circulation System
■ new connections
□ existing road
■ alternative roads
□ new railroad

new road   new regional connection

Infrastructure Interventions
■ preparing land
□ quebradas

mudslide-friction

levelling slope   landslide-prevention

Catalyst Devices + Investments
□ service trigger
□ pole trigger

local investors/...

private investors   AFE railway company   city of la guaira
real estate / business   state of vargas

Future Growth
■ 1st phase interventions
□ 2nd phase growth-areas

Program Types

offices   local government

retail/repair

midclass housing   regional receive   side road tourism

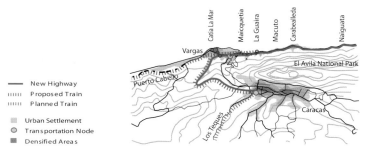

—— New Highway
||||| Proposed Train
||||| Planned Train

■ Urban Settlement
○ Transportation Node
■ Densified Areas

Catia La Mar · Maicquetia · La Guaira · Macuto · Carabealleda · Naiguata

Vargas

El Avila National Park

Puerto Cabello

Los Teques

Caracas

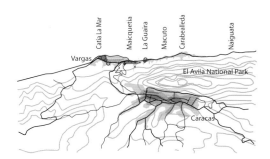

Catia La Mar · Maicquetia · La Guaira · Macuto · Carabealleda · Naiguata

Vargas

El Avila National Park

Caracas

Phase 1
*Investing in concentrated interventions to encourage local potential. *Establishing network of connections between the devices to reach a coherent urban structure.

Etapa 1
*Invertir en intervenciones concentradas para alentar el potencial local.
*Establecer una red de conexiones entre los dispositivos para alcanzar una estructura urbana coherente.

Phase 2
*After reaching a sufficient level of self maintenance there could be an opportunity for upgrading the regional connections to Caracas and farther.

Etapa 2
*Después de alcanzar un nivel suficiente de auto-conservación podría haber una oportunidad para mejorar las conexiones regionales con Caracas y hasta más lejos.

Our operation include

POST OFFICE—Using small interventions to tunnel informal development to safer modes

ARTIFICIAL SCRATCHES—Adding multiply small water channels to allow free drainage before accumulation

Tying Fabric—Each engineering development can be use to encourage urban development

Assuring Public Spaces—Creating new public spaces before the informal development takes place

Street Dike—Building a series of flood dikes that holds back hard materials but can allow new street connection functioning as bridges. Spots being defined as landmarks can be used to encourage further development.

Commercial Trigger—Using the Flood Dike as a meeting point by adding commercial element

Capturing Net—Using both hard concrete columns with tension wire net in between to hold the hard material and allow water flow

Passage—Crossway over the dike as new passage creating development options

Meeting Point—New opportunities for more development

Wholesale Backyard—The complex gives a facade to the backyards of the large-scale fabric that borders the existing highway and by that enforces secondary circulation interdependency between formal (wholesale commerce) and informal (barrio).

Recognizing the disconnections between the formal and the informal in the site, the new design integrates the formal, a

Nuestras operaciones incluyen:

OFICINA DE CORREOS—Utilización de pequeñas intervenciones para dirigir el desarrollo informal hacia condiciones más seguras.

RASGUÑOS ARTIFICIALES—Agregación múltiple de pequeños canales de agua para permitir el desag¸e libre antes de su acumulación.

Conexión del Tejido Urbano—Cada intervención de ingeniería puede utilizarse para alentar el desarrollo urbano.

ASEGURAR LOS ESPACIOS PÚBLICOS—Creación de nuevos espacios públicos anticipándose al desarrollo informal.

CALLE-DIQUE—Construcción de una serie de diques de inundación para retener los escombros sólidos, pero permitiendo el uso de las nuevas calles como puentes. Lugares definidos como "hitos" se pueden utilizar para catalizar el desarrollo futuro.

CATALIZADOR COMERCIAL—Utilización del Dique como punto de reunión, agregándole un elemento comercial.

RED DE CAPTURA—Utilización de columnas de hormigón con una red de alambres en tensión para contener la materia dura y permitir el flujo de agua al mismo tiempo.

PASAJE—Nuevo pasaje encima del dique, ofreciendo opciones de desarrollo.

PUNTO DE ENCUENTRO—Nuevas oportunidades para más desarrollo.

Traspatio de Venta al por Mayor—El complejo tiene una fachada orientada a los traspatios del tejido urbano de gran escala al borde de la autopista existente, permitiendo una circulación secundaria entre lo formal (el comercio al por mayor) y lo informal (el barrio).

El nuevo diseño reconoce las desconexiones existentes entre lo formal (el mercado de venta al por mayor) y lo informal (el barrio), buscando su integración. ...esta se sugiere mediante el desarrollo

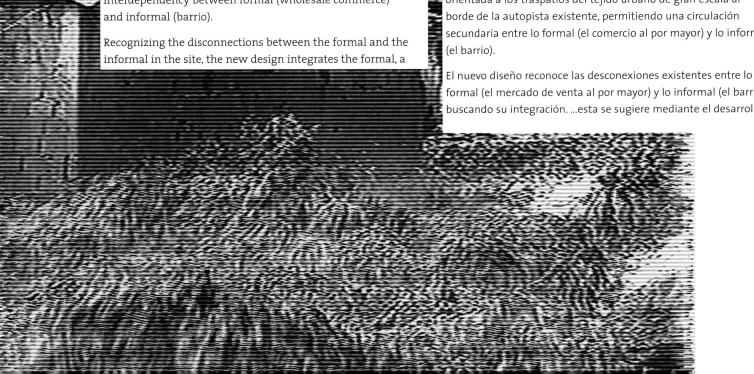

Land Scratches/Rasguños artificiales

LA Guaira

Artificial Scratches—
Adding multiple
small water channels
to allow free
drainage before accu-
mulation

Rasguños Artificales—
Agregando diversos
canales de agua
pequeños para permi-
tir el desag̱e libre
antes de la acumu-
lación

Tying to the fabric—
Each engineering
development can be
used to encourage
urban development

Atar el tejido—
Cada desarrollo de
ingeniería se puede
utilizar para alentar el
desarrollo urbano

**Assuring Public
Spaces—**
Creating new pub-
lic spaces before the
informal develop-
ment takes place

**Asegurar los Espacios
Públicos—**
Crear los nuevos
espacios públicos
antes de que el
desarrollo informal
tenga lugar

Airport Business
New bridge and
car circulation
prepare land for
housing develop-
ment

**Negocio del
Aeropuerto**
El nuevo puente y
la circulación de
coches preparan el
terreno para el
desarrollo de vivien-
das

wholesale market, with the informal, the barrio. Those links are suggested in the form of intermediate function and businesses that can locate local resources and encourage their development. In the proposed services points around Maiquetia there is an opportunity to develop medium scale operations that supply income to the barrioís inhabitants along with supplying services for the region.

La Guaira and Catia La Mar serve as poles with an urban fabric "stretched" between them. La Guaira, once a historical center, serves as the institutional pole. Catia La Mar, because of the mixed nature of the area, good accessibility and available land, has the potential to accommodate private enterprises and housing. Between them are a series of service-oriented interventions located on strategic points that allow the city to develop as a network and give "thicker" alternatives for the existing linear circulation. A parking building replaces the vast airport parking lots. This can create the opportunity to develop the land with office buildings and a bridge to the other side of the highway where housing can be built on the land terraces.

de funciones intermedias y de negocios que identifican los recursos locales y alentan su desarrollo. En los puntos de servicio propuestos alrededor de Maiquetia existe la oportunidad para desarrollar operaciones de mediana escala. Estas operaciones pueden suponer, por un lado, el aporte de ingresos a los habitantes del barrio, y por el otro, la creación de servicios para la región.

La Guaira y Catia La Mar actúan como postes, con un tejido urbano tensionado entre ellos. La Guaira, un antiguo centro histórico, tiene la finción de poste institucional. Catia La Mar, a causa de la identidad mezclada del área, la buena accesibilidad y el suelo disponible, tiene el potencial para acomodar empresas privadas y viviendas. Entre ellos, una serie de intervenciones de servicios se ubican en puntos estratégicos, dando a la ciudad la posibilidad de desarrollarse como una red y alternativas más amplias a la circulación lineal existente. Un edificio de aparcamiento reemplaza el vasto espacio de estacionamiento del aeropuerto. Esto permite urbanizar el terreno con edificios de oficinas y un puente que cruce al otro lado de la carretera, donde se pueden desarrollar viviendas aterrazadas.

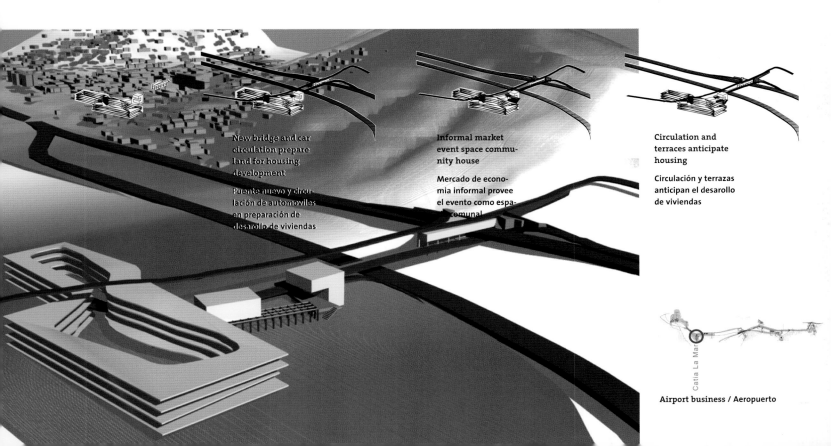

New bridge and car circulation prepare land for housing development

Puente nuevo y circulación de automoviles en preparación de desarollo de viviendas

Informal market event space community house

Mercado de economia informal provee el evento como espacomunal

Circulation and terraces anticipate housing

Circulación y terrazas anticipan el desarrollo de viviendas

Catia La Mar

Airport business / Aeropuerto

Wholesale backyard
Traspatio de venta al por mayor

Maiquetia

Wholesale Backyard
The complex gives a facade to the backyards of the large scale fabric that borders the existing highway. Thereby, it facilitates a secondary circulation for wholesale market and local retail.

Traspatio de venta al por mayor
La fachada del complejo se orienta a los traspatios del tejido de gran escala ubicado al lado de la carretera exisente. Con lo cual, facilita una relación secundaria entre el comercio al por mayor y el comercio local.

138

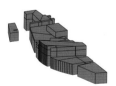

Wholesale market and local retail

Traspatio de venta al por mayor

Public space and outdoor market

Espacio público / mercado al aire libre

Community center and retail

Centro comunotario y la venta al por menor

New circulation and stair system at the barrio entrance

Nuevo sistema de circulación y escalera en la entrada del barrio

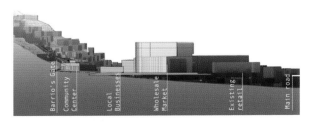

Retaining street
Calle de contención

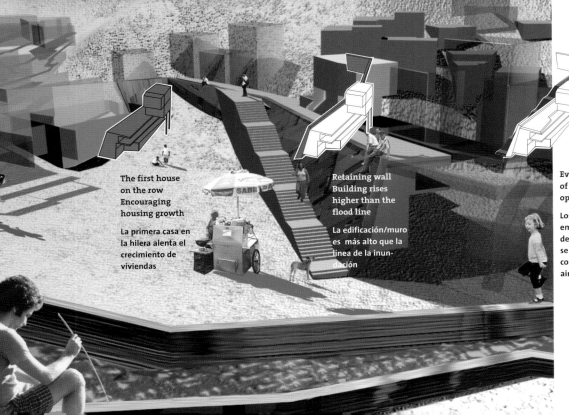

The first house
on the row
Encouraging
housing growth

La primera casa en
la hilera alenta el
crecimiento de
viviendas

Retaining wall
Building rises
higher than the
flood line

La edificación/muro
es más alto que la
línea de la inun-
dación

Everyday usage
of streams as
open spaces

Los espacio de
emergencia para
desbordamientos
se utilizan a diario
como espacio al
aire libre

Anticipation and
encouraging
growth of the
self-made houses
in a safer mode

Anticipando el
crecimiento de
casas de fabri-
cación propia de
forma más segura.

LA Guaira

Commercial trigger
The addition of commercial space adjacent to the flood dikes provide the people traffic for a viable public meeting area.

La adición de un centro comercial ajacente al dique renfuerza su utilidad com punto de encuetro

Capturing net
Using both hard concrete columns with tension wire net in between to hold the hard material and allow water flow

Utilización de columnas de hormigón de alta resisténcia con una red columns with tension de cables en tensión para retener las materias duras y permitir el flujo de agua

Passage
Crossway over the dike offers new circulation opening more development options

Nuevo pasaje por encima del dique habre nuevas opciones de desarrollo

Meeting Point-
New opportunities for more development

Punto de Encuentro & nuevas oportunidades para más desarrollo

Building a series of flood dikes that holds back hard materials but can allow new street connection functioning as bridgesThis spots being defined as landmarks can be used to encourage further development. Contruyendo una serie de diques de inundación que retienen los encombros duros pero que habren la posibilidad de nuevas vias, porque tambien funcionan como puentes. Estos lugares, definidos como sitos en el paisaje, pueden ser utilizados para futuro desarrollo.

Urban framework/ texto en español a venir

La Guaira and Catia La Mar serve as poles with an urban fabric "stretched" between them. La Guaira, once a historical center, serves as the institutional pole. Catia La Mar, because of the mixed nature of the area, good accessibility, and available land, has the potential to accommodate private enterprises and housing. Between them are a series of service-oriented interventions located on strategic points, allowing the city to develop as a network, giving alternatives for the existing linear circulation and by that thickening the line.

141

Side road hotel-retaining wall: Holding the new land fill

Hotel al lado del camino-muro de contención: teniendo el nuevo terraplén

Connection to the historic site: Promenade towards seaport creating opportunities for further development

Conexión con el sitio historico: paseo hacia el Puerto creando oportunidades para el desarollo futuro

Connection to the historic site

Conexión con el sitio historico

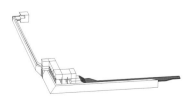

Promenade towards seaport

Paseo hacia el Puerto

Regional trigger/Catalizador regional

Regional receiver
Receptor regional

Central bus
station
Estación central de
autobús

Caracas Litoral | Venezuela

Traffic mechanism
Mecanismo de tráfico

parking
to inter-

Buses circulation
Circulación de
autobús

Ramp parking
Aparcamiento en
rampa

Connecting the mega structure
Conectando la mega estructura

Encouraging local development
Alentando el
desarollo local

Local retail
Venta al por menor

**Informal market
opportunity**
Oportunidad para
mercado informal

Offices
Oficinas

Train station
Estación de tren

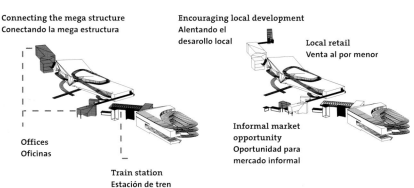

Regional Receiver
The system of engaging
infrastructure necessities
to encourage develop-
ment and growth can be
used in all scales. This
proposed intermodal sta-
tion programmed with a
train station, new Toll-
Highway, Central Bus
Station and parking facilities along with a regional shopping center,
offices structures that
open an edge for infor-
mal development such as
informal market at the
entrance.

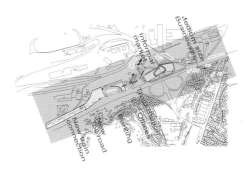

PARTICIPANTS

MOJDEH BARATLOO practices and teaches architecture and urban design in New York. Her work has received many grants and awards and has been exhibited internationally.

ERIC BREWER practices and teaches architecture and Urban Design in Caracas. His work has been published and exhibited widely.

ALLAN R. BREWER-CARÍAS is professor at the Universidad Central de Venezuela in Caracas. He has been a Visiting Scholar at Columbia University, New York, and has been a professor at the University of Cambridge, and at the Université de Paris II, France. He was legal adviser to the Federal District Government and to the Ministry of Urban Development in Venezuela, where he was Minister for Decentralization. He is the author of many books and articles on legal and institutional aspects of urban development and policies.

MICHAEL COHEN is Director of the Graduate Program in International Affairs at New School University. He was previously Senior Advisor in Environmentally Sustainable Development in the Latin American and Caribbean Regional Office of the World Bank and on the faculty of Architecture and Urban Design at the University of Buenos Aires. He is author and co-author of many books and articles on urban development.

MICHAEL CONARD teaches practices and conducts research in architecture and urban design in New York. His work has been exhibited and published internationally.

MARIANO DESMARÁS practices architecture and graphic design for museums in New York and internationally. He has received numerous awards for his work in environmental graphics.

HENRY GÓMEZ-SAMPER is Professor emeritus at the Institute of Advanced Studies in Administration (IESA) and chairs the Editorial Council of The Daily Journal, Venezuela's English-language daily. He holds a BS, MBA, and PhD, all from New York University. Professor Gómez became a founding professor at IESA in 1968 and served as academic dean and president (1981-91). Over a span of four decades, Professor Gómez has authored books and articles that examine entrepreneurship and innovation in the management of public and private organizations. His most recent work centers on corporate social responsibility as a business strategy, including linkages with informal economy microenterprises.

ARIEL JIMENEZ is art curator of Coleccion Cisneros. His work has been published widely.

IGNACIO LAMAR practices and teaches architecture in New York.

PATRICIA MARQUEZ is the Academic Dean at the Instituto de Estudios Superiores de Administración (IESA) in Caracas, Venezuela. She holds a Ph.D. in socio-cultural anthropology from UC Berkeley (1995). Her work in the anthropology of business focuses on organizational practices and the meaning of "doing business" in the formal as well as the informal sector. She is the author of The Street is My Home: Youth and Violence in Caracas (1999, Stanford University Press) and co-author with Henry Gómez of Microempresas: Alianzas Para el Éxito (2001, Ediciones IESA) and Gerencia Exitosa con Sello Latinoamericano (1998, Editorial Galac). Together with Nelly Lejter she wrote Heratenea, el Nuevo Género de la Gerencia (2000, Ediciones IESA), which presents and discusses the testimonies of powerful female managers in Venezuela and other countries in the Americas.

RICHARD PLUNZ is Director of the Architecture and Urban Design Program of Columbia University. He is the recipient of numerous awards and grants, has published many texts on urbanism and teaches internationally.

FEDERICO VILLANUEVA BRANDT is professor at the Universidad Central de Venezuela in Caracas. He was previously advisor to the director of Consejo Nacional de la Vivienda (CONAVI) en Venezuela. He has been working for more than 25 year in barrio up-grading projects in Venezuela. His work has been published widely.

144

PARTICIPANTES

MOJDEH BARATLOO ejerce y enseña arquitectura, asi como diseño urbano en Nueva York. Su trabajo ha recibido diversos premios y ha sido exhibido internacionalmente.

ERIC BREWER ejerce y enseña arquitectura y Diseño Urbano en Caracas. Su trabajo a sido publicado y exhibido extensamente.

ALLAN R. BREWER-CARIAS es profesor en la Universidad Central de Venezuela en Caracas. Ha sido investigador invitado en Columbia University, en Nueva York, asi como, profesor invitado en Cambridge University en el Reino Unido y la Universite de Paris II en Francia. Fue asesor legal del gobierno del Distrito Federal y el Ministerio de Desarrollo Urbano de Venezuela, donde también fue Ministro para la Decentralización. Es autor de innumerables articulos y libros sobre los aspectos institucionales de desarrollo urbano y políticas públicas.

MICHAEL COHEN es director del programa de post-grado en Asuntos Internacionales del New School University en Nueva York. Anteriormente fue asesor de la oficina regional de desarrollo sostenible para América Latina y el Caribe del Banco Mundial y profesor de la facultad de arquitectura y diseño urbano en la Universidad de la ciudad de Buenos Aires. Es autor y co-autor de muchos libros y artículos sobre desarrollo urbano.

MICHAEL CONARD enseña, ejerce y conduce investigaciones en arquitectura y diseño urbano en Nueva York. Su trabajo ha sido publicado y exhibido internacionalmente.

MARIANO DESMARÁS ejerce la arquitectura y diseño gráfico para museos en Nueva York y otras ciudades. El ha recibido diversos premios por su trabajo en gráficas ambientales.

HENRY GÓMEZ-SAMPER es profesor emérito en el Instituto de Estudios Superiores de Administración (IESA) y miembro consejero, en la parte editorial del The Daily Journal, diario Venezolano en idioma inglés. Tiene maestría en ciencias, adminstración de empresas y Ph. D de New York University. Es profesor fundador del IESA, en 1968 se desempeño como director académico y presidente (1981-91). A lo largo de cuatro décadas, ha escrito libros y artículos que examinan el empresariado y la innovación dentro del aministración de organizaciones públicas y privadas. Su trabajo mas reciente se enfoca en la responsabilidad social del sector corporativo como estrategia de negocios, incluyendo las conecciones con las microempresas del mercado informal.

ARIEL JIMENEZ es curador de arte de la Colección Cisneros. Su trabajo ha sido publicado extensamente.

IGNACIO LAMAR ejerce y enseña arquitectura en Nueva York.

PATRICIA MARQUEZ es el director académico del Instituto de Estudios Superiores de Administración (IESA) en Caracas, Venezuela. Tiene un Ph.D. en antropología socio-cultural de la Universidad de California en Berkeley (1995). Su trabajo en antropología de empresas enfatiza en práticas organizacionales y el significado de "hacer negocios" en el sector formal, asi como, en el informal. Es autora del libro "The Street is my Home: Youth and Violence in Caracas" La calle es mi casa: Juventud y Violencia en Caracas" (1999, Stanford University Press) y co-autora con Henry Gomez de Microempresas: Alianzas para el Exito (2001, Ediciones IESA) y Gerencia Exitosa con Sello Latinoamericano (1998, Editorial Galac). Junto la Nelly Lejter escribio Heratenea, el Nuevo Género de la Gerencia (2000, Ediciones IESA) en el cual se presentan y discuten los testimonios de mujeres en importantes cargos gerenciales en Venezuela y otros paises de las Américas.

RICHARD PLUNZ es director del Programa de Arquitectura y Diseño Urbano de Columbia University. Ha recibido numerosos premios, publicado diversos textos en urbanismo. Enseña internacionalmente.

FEDERICO VILLANUEVA BRANDT es profesor de la Universidad Central de Venezuela en Caracas. Anteriormente fue asesor al director del Consejo Nacional de la Vivienda (CONAVI) en Venezuela. El ha estado trabajando por mas de 25 años en proyectos de mejoramiento de barrios en Venezuela. Sus trabajos han sido publicados extensamente.